CB124931

Editora Gente

Iara Oliveira

Rita Emmett

# Por que as crianças deixam tudo para depois

Tradução:
Vera Caputo

Editora Gente

Editora
*Rosely M. Boschini*

Coordenação editorial
*Elvira Gago*

Produção
*Tiago Cintra Silva*

Capa
*Marcelo Souza Almeida*

Projeto gráfico e diagramação
*JOIN Bureau*

Preparação
*Maria Alayde Carvalho*

Impressão
*Paulus Gráfica*

Título original: *The procrastinating child*
Copyright © 2002 by Rita Emmett
Publicado com a permissão de Walker & Company

Todos os direitos desta edição
são reservados à Editora Gente.
Rua Pedro Soares de Almeida, 114.
São Paulo, SP, CEP 05029-030
Telefax: (11) 3675-2505
Site: http://www.editoragente.com.br
E-mail: gente@editoragente.com.br

**Dados Internacionais de Catalogação na Publicação (CIP)**
**(Câmara Brasileira do Livro, SP, Brasil)**

Emmett, Rita

Por que as crianças deixam tudo para depois / Rita Emmett; tradução Vera Caputo. -- São Paulo : Editora Gente, 2003.

Título original: The procrastinating child.

ISBN 85-7312-405-9

1. Adolescentes – Administração do tempo 2. Crianças – Administração do tempo 3. Crianças – Criação 4. Educação de crianças 5. Procrastinação 6. Psicologia infantil I. Título.

03-4614 CDD-649.64

**Índices para catálogo sistemático:**

1. Crianças: Hábito de protelar : Modificação
Educação de crianças : Vida familiar 649.64

# Dedicatória

Este livro é dedicado àqueles que têm nas mãos o futuro do mundo – as crianças, dentre elas nossos netos, Ken, Mike, Kortenay, Meghan, Connor, Cassidy, Noah, Kailey Jean e Brynn.

E àqueles que amam as crianças – os pais ou qualquer um que estenda a mão para ajudar uma criança, incluídos aqui os que nunca tiveram nem educaram filhos e mesmo assim se preocupam e oferecem apoio às crianças quando se faz necessário.

Graças a vocês, o mundo se torna melhor.

# Sumário

# Agradecimentos

Foram muitos os que me acompanharam na jornada de criação deste livro. Por reconhecer que teria sido uma longa e difícil estrada se a percorresse sozinha, sou profundamente grata a essas pessoas pelo apoio e incentivo de todas. Há tantos nomes a ser citados que me contento em sorrir quando procuro enumerá-los. Nem quero pensar que alguns de vocês poderiam ser omitidos.

Agradeço a meus colegas, amigos e familiares pelo incentivo. Meu sincero obrigada a todos aqueles que me contaram histórias de protelação. Algumas eram tristes, outras divertidas, outras ainda esclarecedoras e algumas comoventes, mas todas ajudaram a enriquecer este livro e torná-lo mais relevante. Quando as pessoas o lerem e pensarem "nossa, é igual ao que acontece em casa", saibam que é graças às histórias inspiradas que vocês acrescentaram à coleção.

Meu especial agradecimento aos "sete leitores maravilhosos" que pacientemente abriram sulcos através dos rascunhos ainda em estado bruto – Nora Bennett, Kym Karder, Debra Kimbrough, Jo-Anne Knight, Pete Walkey, Maureen Edgar e Curt Hansen – e meu muito obrigada a Sandra Baumgardner, do Departamento de Saúde do Município de DuPage (Illinois), por sua orientação quando eu não sabia que caminho tomar.

Meu apreço sincero a Mark Victor Hansen e Dottie Walters pelo auxílio e pelo conselho de conhecer o mundo dos livros e à melhor e mais paciente agente literária, Jane Jordan Browne, que não só trabalha muito, é sábia e divertida como também está sempre disposta a explicar e explicar os contratos e parece acreditar que um dia eu os possa entender. Ela foi também a primeira pessoa a considerar que valia a pena publicar meu livro.

O pessoal da Walker & Company é como uma família para nós. Sou imensamente grata a duas pessoas em particular: o editor George Gibson, por me surpreender o tempo todo, indo muito além de minhas expectativas no incrível suporte que deu a meu livro (sua criatividade e sua visão trouxeram alegria ao meu coração), e minha organizadora, Jackie Johnson, que brilhantemente transformou este livro no que é hoje. Adorei as conversas que tive com os dois e sou grata a toda a equipe da Walker pelo padrão de excelência em cada detalhe e cada aspecto do trabalho.

Minha família foi eternamente paciente naquelas fases em que eu me trancava no escritório e desaparecia da face da Terra. Em vez de se aborrecer, eles me perguntavam sobre o livro, davam idéias, me elogiavam e me enchiam de felicidade – especialmente meu companheiro de todas as horas, meu marido, Bruce. As pessoas que o conhecem perguntam: "Ele ainda não leu nada que você escreveu?" Não, mas é uma excelente pessoa, minha *anam cara*, minha alma gêmea. A vida ao lado dele é um conforto, uma delícia – sempre, sempre cheia de surpresas.

Cada um de vocês é uma bênção em minha vida. Graças a vocês minha caminhada tem sido de alegria e encantamento. Sou uma pessoa de sorte. Obrigada a todos e que Deus os abençoe.

# Introdução

QUANDO PERGUNTAMOS À CRIANÇA HABITUADA A PROTELAR por que não faz na hora certa o que tem de ser feito, a resposta é invariavelmente: "Não sei". As crianças, e também os adolescentes, não possuem o vocabulário, a percepção nem a compreensão necessários para nos explicar por que adiam tanto.

Como palestrante profissional de apresentações e seminários, dentre eles "Melhoria das habilidades dos pais como educadores" e "Estratégias para acabar com a protelação", fiz recentemente uma pesquisa entre adultos que protelavam quando crianças. A mesma resposta apareceu várias vezes: "Devia haver muitas razões para eu agir assim, deixando para depois o que tinha de fazer, mas isso ocorria porque ninguém me ensinou a agir de outra maneira".

Robert, que foi um grande protelador na infância, contou que, quando levava notas baixas para casa, seus pais tentavam "motivá-lo" brigando e argumentando que ele era inteligente e capaz de tirar A e B. Depois o obrigavam a se retirar para fazer a tarefa. Ele se lembra de se sentir sobrecarregado pela quantidade de lições a ser feitas, não sabia por onde começar nem se organizar para fazer uma coisa por vez.

Catherine contou uma história similar: seu pai, militar, ficava furioso com a bagunça de seu quarto e não a deixava sair enquanto não o arrumasse. Ela ficava parada no meio da bagunça, sentia-se incapaz e desanimada. Então começava por recolher uma meia suja do chão, uma blusa que devia ser pendurada, papéis amassados, a luva de beisebol, depois começava a chorar com tudo aquilo nas mãos, sem saber o que fazer.

Qualquer adulto – não só os pais – pode ajudar uma criança a parar de protelar. Os professores perdem um tempo enorme e muita energia com alunos proteladores. Avós, tios, amigos ou vizinhos que estejam criando ou ajudando a criar uma criança, ou apenas cuidando dela, também se desesperam por lidar com seus hábitos de protelação.

Talvez você não se dê conta do alto preço que as crianças pagam pela protelação em termos de auto-estima e segurança. Elas se vêem como fracassadas e até como covardes. São freqüentemente punidas pelos pais e pelas autoridades escolares e podem ser importunadas ou ridicularizadas. Seu desenvolvimento pode atrasar-se e elas tendem à depressão. Não há nenhuma dúvida de que o hábito de protelar impede a criança de alcançar objetivos de curto e de longo prazo.

Mas quando as crianças protelam e quando simplesmente agem como crianças? É normal que de vez em quando seja preciso lembrá-las de que devem se vestir, alimentar o cachorro ou fazer seus deveres e tarefas na hora certa. Por mais incômodo que seja ter de lembrá-las, se for apenas uma vez ou outra e se fizerem o que têm de fazer em seguida, protelar não será um problema sério. Mas são consideradas proteladoras as crianças que precisam ser lembradas o tempo todo e mesmo assim não fazem o que devem ou acabam por fazê-lo só depois de muita choradeira, muita discussão, muito desgaste emocional.

Não existe idade adequada para ajudar uma criança a parar de protelar. Os problemas e as soluções são bastante parecidos em todas as idades – é a intensidade que varia de uma criança para outra, de uma idade para outra. Tanto a criança de 5 anos que demora para se vestir pela manhã para ir à escola quanto o adolescente que tem dificuldade de começar a fazer sua tarefa de casa lutam com questões do mesmo tipo – estão desmotivados, sentem-se sobrecarregados, não sabem por onde começar e às vezes até gostam de provocar a raiva dos adultos – e reagem a soluções similares.

## Como este livro pode ajudar

Este livro não trata de problemas de protelação específicos (a lição de casa, os deveres domésticos, aprontar-se para algum compromisso, cuidar dos animais de estimação) porque tanto para as crianças quanto para os adultos essas são questões que em geral envolvem um conjunto de motivos, de causas e soluções. Um exemplo: o adolescente que adia a inscrição no vestibular faz isso porque protelar já é um hábito (capítulo 1); porque não desenvolveu nenhuma habilidade que o motive a fazê-lo (capítulo 2); porque acha que precisa preencher muitos papéis (capítulo 3); porque detesta esse tipo de tarefa (capítulo 4); porque não tem tempo (capítulo 5); porque está esperando o dia em que não haja interrupções para preencher direito (capítulo 6); porque tem medo e se sente ansioso diante do desafio (capítulo 7); porque não sabe onde pôs os formulários: estão espalhados sobre sua mesa, pelo quarto, no armário da escola (capítulo 8); e finalmente porque está tão envolvido com outras atividades que não consegue se concentrar nessa tarefa (capítulo 9).

O livro abrange vários aspectos da vida da criança e explora os motivos pelos quais ela adia, bem como oferece soluções específicas para uma ampla variedade de problemas de protelação. Em vários capítulos, as soluções que devem ser partilhadas com a criança estão resumidas num quadro cujo título é "Dicas para seu filho". Você pode copiar e colar esses quadros onde a criança possa vê-los com facilidade ou comunicá-los verbalmente. São conceitos que vão estimular conversas e aproximar você de seus filhos.

## As crianças detestam fazer o que lhes é imposto

Não importa quanto tempo passou desde que você era criança: certamente ainda se lembra de que, quanto mais alguém queria impor-lhe alguma coisa, mais você se recusava a aceitá-la. Não se cai em cima de uma criança gritando: "Você está errada e eu vou corrigi-la. Sente-se aí e ouça".

Forçar seja o que for geralmente acaba em discussão, ressentimento e rebeldia. Em vez disso, é preciso desenvolver técnicas que facilitem a comunicação de maneira positiva, carinhosa e proveitosa, jamais ditatorial. A meta não é ser controlador nem permissivo, mas firme e gentil. A gentileza é sinal de respeito pela criança e a firmeza mostra respeito pelo que precisa ser feito.

O ritmo de cada um também é importante. Se seu filho resiste à idéia de trabalhar o hábito de protelar, provavelmente será mais receptivo à mudança se:

- Não for censurado por não ter conseguido terminar alguma coisa.
- Sofrer alguma conseqüência por ter adiado um dever e perceber que, se o tivesse feito mais cedo, estaria muito melhor ou mais feliz agora.
- Tiver muita coisa a fazer e reconhecer que precisa de ajuda.

Essas são ocasiões ideais para incutir na criança alguns desses conceitos. Se você obrigar seu filho a aceitar esses princípios e essas técnicas, não só encontrará resistência e até rebeldia como não conseguirá ajudá-lo a desenvolver nenhuma iniciativa nem habilidade de organização e planejamento.

## Não há uma teoria nem técnica única que funcione para todas as crianças

Se você tem mais de um filho, sabe que um brinquedo ou um livro pode entreter um deles durante horas e provocar lágrimas em outro por puro tédio. Se disser a mesma coisa a duas crianças, uma luz se acenderá na cabeça de uma, enquanto a outra ficará olhando como se você falasse uma língua interplanetária.

Em meus seminários sobre melhoria das habilidades educacionais dos pais, sempre alguém pergunta o que fazer com crianças que têm o hábito de protelar. Como, em geral, esses pais já leram vários livros sobre habilidades educacionais, pergunto se alguém conhece um livro que enfoque especificamente as crianças que têm o hábito de protelar e o que é possível fazer para ajudá-las. Até hoje, ninguém respondeu. Creio que isso se deva ao fato de que é difícil motivar as crianças e orientá-las em seu processo de mudança de atitudes e comportamentos. O fato é que não há idéia brilhante que funcione para todas. Não existe nenhum "remédio rápido" e nenhuma garantia do que vai ou não funcionar. Embora este livro se proponha a ajudar, não se pode garantir que vá funcionar em todos os casos.

Por outro lado, um pai me contou durante um seminário que, ajudando suas três filhas a livrar-se do hábito da protelação, observou incrível melhora da auto-estima e da autoconfiança delas. Essa é uma animadora ajuda extra aos nossos filhos para que parem de adiar. Pesquisas revelam que a auto-estima baixa é com freqüência um dos principais motivos pelos quais os adolescentes escolhem um caminho errado na vida.

## Nem sempre as crianças pensam e agem como você

Sejamos honestos. Raramente as crianças pensam e agem como nós. Você gosta de trabalhar no mais absoluto silêncio; seu filho trabalha melhor quando faz as lições de casa com o aparelho de som no volume máximo. Você prefere fazer suas tarefas domésticas no final do dia; seu filho gosta de levantar cedo para livrar-se logo delas. Você acha que a primeira coisa que seu filho deve fazer quando chega da escola é começar as lições de casa, mas o menino, altamente energético, precisa correr e socar as almofadas durante meia hora ou mais antes de se sentar para estudar. Uma criança termina as lições de casa, as tarefas domésticas e os cuidados com o cachorro antes do jantar, enquanto outra está mais disposta depois de comer.

Quando conversar com as crianças, faça algum tipo de brincadeira que ajude a definir qual é a hora e o "estilo" delas. Deixe que tomem algumas decisões que as ajudem a trabalhar *com* você, e não *contra* você.

É claro que se elas cumprirem suas obrigações na hora e nas situações que preferirem, e o fizerem bem, por mais estranha que seja sua escolha você terá de admitir que funcionou. Mas, se não completarem o trabalho e o fizerem mal, então, queiram ou não, terão de fazer do seu jeito.

## Obstáculos previsíveis

Sim, você sempre encontrará obstáculos para que seus filhos aceitem suas idéias.

- Eles não gostam de conversar sobre mudança de hábitos.
- Se são adolescentes, talvez não gostem de conversar sobre nada, e ponto final.
- É difícil mantê-los sentados.
- A atenção deles não dura mais que um *flash.* Puff. Acabou.
- Eles não têm interesse em melhorar.
- Não entendem o que você quer dizer.
- Não estão abertos a nada do que você diz.
- Você não confia em si mesmo, e a idéia de conversar com seus filhos sobre o hábito de protelar o deixa mais inseguro ainda.

Você não é o único e não é nenhuma aberração. Todos os pais têm essas mesmas preocupações. Até os profissionais que trabalham com crianças sentem-se intimidados na hora de transmitir aos próprios filhos conceitos sobre o hábito de protelar. Se não aprendeu esses princípios quando era pequeno, não terá nenhum modelo, nenhum exemplo a seguir. Quando ler as histórias contadas por outros pais, provavelmente vai dizer: "Nossa, é como meu filho" ou "É igualzinho à minha família".

Conversando abertamente com seu filho sobre o hábito de protelar, talvez ele faça perguntas que você não saiba responder. Tudo bem. Você não precisa *ser* perfeito. Ninguém tem todas as respostas.

## A PERGUNTA FUNDAMENTAL

Você é – ou já foi – um protelador? Se foi, ótimo. Ótimo por quê? Porque entenderá melhor como seu filho protelador se sente – pressionado, censurado, inútil. E, se ainda for um protelador, poderá trabalhar ao lado de seu filho no sentido de mudar o hábito de adiar que *ambos* possuem. Junto com seu filho, ponha em prática as idéias deste livro. Observe seus sucessos e o que funcionou para você, observe também seus fracassos, o que foi difícil e o que *não* funcionou para você.

Esse pode ser um novo nível de comunicação entre você e seu filho. Nossa prole terá imensa satisfação em ouvir de nossa boca quais foram nossos erros e fracassos – é um tipo de conversa que vai estreitar os vínculos entre vocês.

Em estudo recente perguntou-se aos pais de crianças acostumadas a protelar que conselho teriam a dar. Veja o que uma das mães escreveu: "Meu conselho é trabalhar os próprios hábitos de protelar para dar exemplo aos filhos. Se você faz uma tarefa bem-feita, na hora certa, conte isso a eles! As crianças precisam saber que você se sente orgulhoso por ter completado seus projetos antes do prazo previsto. Fale sobre a importância de fazer hoje, e não *amanhã*. Esse é o melhor presente que podemos dar a elas".

## Forme uma equipe

À medida que os conceitos deste livro forem absorvidos e transmitidos a seus filhos, você verá que não é preciso estabelecer um relacionamento professor-aluno nem fazer "sermões". Seu filho e você trabalharão como uma equipe. Às vezes, você será o técnico, que encoraja e conduz, de vez em quando oferecendo um elogio ou dando um tapinha nas costas. Outras vezes vocês trabalharão lado a lado, dizendo o que pensam do problema ou apenas contando um ao outro como se saíram em dada situação. Muitas vezes, você e seu filho darão boas risadas juntos.

Vocês passarão por etapas curtas, rápidas e fáceis, que estarão presentes na parte intitulada "Dicas para seu filho". As seções podem ser lidas em seqüência ou uma por semana, uma por mês ou quando você quiser. Nesse exercício, você poderá achar que já sabe como lidar com a situação. Outras vezes terá dúvidas.

Por isso, no final de cada capítulo, haverá a seção "Trabalho de equipe", na qual você preencherá sozinho o tópico "Para discutir" e, com seu filho, a seção "Para fazer". Esta última resume o capítulo. Nela você conferirá os conceitos e as ações que acabou de ler, além de ter espaço para escrever suas idéias.

Qual é a diferença entre "Para discutir" e "Para fazer"? A seção "Para discutir", por exemplo, cobrirá o conteúdo do capítulo ou, se você preferir, poderá discutir com seu filho um problema que um personagem de filme ou programa de televisão cria por adiar uma decisão ou uma ação. Pergunte a seu filho o que significa o verbo "adiar".

Na seção "Para fazer", você tratará de uma ou duas idéias apresentadas no livro, mas escreverá o que for específico de vocês dois. Por exemplo:

- "Eu me ofereci para acompanhá-lo nas atividades para termos mais tempo de conversar".
- Com criança da pré-escola ou mais nova: "Fizemos um colar de massinha e contei uma história".
- Se estiver na escola fundamental: "Pegamos seu jogo de montar preferido para brincar. Aproveitei para tratar do perfeccionismo dele".
- Se for adolescente: "Deixei que chamasse uma amiga para fazermos uma salada. Enquanto elas picavam os legumes, contei como aprendi uma nova receita".

Uma sugestão para todas as idades: preste atenção no relacionamento como um todo. Você não desejará prejudicar a auto-estima da criança nem a amizade de vocês porque quer as coisas feitas à sua maneira. Você encontrará centenas de idéias neste livro. Talvez algumas façam diferença para seu filho. Aproveite. Outras questões podem proporcionar um relacionamento mais íntimo entre vocês. Seu filho vai adquirir habilidades que o ajudarão na idade adulta a ser muito mais feliz e bem-sucedido na vida profissional e pessoal.

# 1

# Por Que as Crianças Adiam?

CRIANÇAS DE TODAS AS IDADES, NACIONALIDADES E RAÇAS ouvem continuamente de adultos exasperados: "Por que você não fez isso quando devia ter feito?"

Não seria maravilhoso se ao menos uma vez na vida a criança desse uma resposta sincera, como "porque eu adiei"? É muito mais fácil os adultos se desesperarem com as diversas desculpas que ouvem:

"É que... o computador engoliu meu trabalho".

"Eu não tive tempo".

"Não sei".

"É muito difícil".

"Eu não sei fazer".

"Não consigo".

"Não entendi".

"Por que você nunca acredita em mim? O computador engoliu mesmo o meu trabalho!"

Se a criança for pequena:

"Meu irmão me mandou brincar lá fora".

"Sabe, é que o monstro veio aqui, fez a maior confusão, jogou tudo pelo quarto e depois foi embora".

"Fiquei com medo".

"Minha irmã não deixa".

As crianças adiam as coisas mais absurdas pelos motivos mais tolos. Às vezes, perdem mais tempo com desculpas do que levariam para cumprir a tarefa. Elas enlouquecem. Enlouquecem os pais. Enlouquecem os professores. Enlouquecem as babás. Enlouquecem a família toda.

Mas há uma esperança, e é possível ajudá-las. Eu mesma fui a maior proteladora deste mundo. Minha mãe diz que esperei dez meses para nascer – consegui adiar meu próprio nascimento! Minha lição de casa estava eternamente atrasada, minhas tarefas domésticas eram constantemente esquecidas, nossos pobres animais (dos quais eu prometi cuidar) morreriam de fome se minha família não tomasse uma providência. Se eu tinha de me aprontar para fazer alguma coisa – ir à escola, dormir, tomar banho ou visitar parentes –, adiava tudo até meus pais darem o basta definitivo: "É já. Faça já!"

Sentia perder o controle das coisas e nada podia fazer para mudar. Acreditava não me encaixar muito bem neste mundo e que muita gente que eu considerava importante (professores, chefes de escotismo e minha própria família) não gostava de mim porque eu não fazia o que devia fazer.

Eu não queria adiar tanto, não queria mentir por ter deixado de fazer alguma coisa, mas não sabia agir de outro modo. Tampouco sabia ser possível agir de outro modo. Há pessoas que fazem tudo na hora certa, mas eu achava que tinham um dom especial que eu, infelizmente, não possuía.

Depois que cresci, me transformei. Hoje sou uma proteladora em recuperação. Organizada. Eficiente. Prática. E muito feliz.

Num estudo feito pelo National Institute of Education com 1.000 adultos de 30 anos de idade, diante da pergunta sobre se a educação que receberam na escola fundamental os equipara com as habilidades necessárias para viver neste mundo, mais de 80% responderam "absolutamente não". Assim, essa é sua chance de transmitir a seu filho uma habilidade que a maioria das escolas não tem tempo de ensinar: como parar de adiar.

Se seu filho tem problemas de protelação, este livro se propõe a ajudá-lo. Há quem pense que as crianças de 5 anos de idade protelam através do choro e um adolescente de 17 faz isso desarrumando a casa. Não, eles protelam deixando tudo para depois. O choro e a desordem são conseqüências de problemas de comunicação, do estresse, da ansiedade, da rebeldia, das dificuldades de relacionamento dentro e fora da família. Não é nosso objetivo tratar dessas questões, mas ajudar seu filho a parar de deixar para depois o que deveria estar fazendo.

## Regras para evitar a protelação

A primeira regra é: se você for responsável pelas normas da casa ou por quaisquer outras que interfiram na vida da criança, estabeleça já algumas para garantir que as tarefas domésticas e a lição de casa sejam feitas imediatamente, e não depois. Por exemplo:

- Primeiro as lições de casa, depois a televisão.
- Primeiro os deveres domésticos, depois brincar no computador.
- Se a criança demorar muito para se vestir de manhã, à noite irá para a cama mais cedo.

- Guardar o uniforme, os sapatos, a mochila e o material escolar antes de fazer o que gosta quando chega da escola (um lanche, ligar para o amigo, ver televisão).

Esses exemplos aplicam-se a crianças de qualquer idade, mas este é específico para adolescentes.

- Tire boas notas e poderá sair com os amigos no fim de semana. Notas ruins equivalem a um semestre sem sair com a turma.

Regras como essas dão uma base às crianças e as ajudam a "fazer agora", além de criar hábitos saudáveis no lugar do frustrante hábito do adiamento. Certamente as regras devem refletir os valores da família.

## É apenas um hábito

Comecemos assim: em geral, as crianças proteladoras acreditam ter alguma coisa a menos. Acham que já nasceram adiando, que isso faz parte da personalidade delas e nunca vão mudar. Sentem-se incapazes e impotentes diante da situação e perante elas mesmas. Além disso, quando ouvem algum adulto referir-se a elas como proteladoras, acreditam nisso e continuam a comportar-se dessa forma. Se der início ao processo de ajudar uma criança proteladora, tenha você ou não esse hábito, é seu dever fazê-la ver que protelar não é um traço de personalidade nem uma falha de caráter. É apenas um hábito – e todos podem mudar seus hábitos.

Converse a respeito de outras crianças que mudaram de hábito:

- Dois amigos de 4 anos brigavam muito porque um deles se recusava a ajudar o outro na hora de recolher os brinquedos. Hoje, um ano depois, ele mudou e coopera na arrumação.
- Uma menina vivia tendo problemas na escola porque conversava muito durante a aula. Hoje ela aprendeu a ficar de boca fechada.
- Uma criança da oitava série se gabava de nunca ter estudado nem feito uma prova até o fim. Hoje adquiriu excelentes hábitos de estudo e se tornou ótima aluna.

Ninguém sabe explicar por que razão as pessoas mudam, mas todo mundo conhece alguém que mudou ou adquiriu um novo hábito.

Se você já parou de fumar, conseguiu emagrecer ou iniciou um programa de exercícios, pode contar às crianças sua história de lutas e sucessos para mudar de hábito. Às vezes é fácil, outras é mais difícil. Mas é sempre possível mudar um hábito. Crianças pequenas adoram ouvir histórias de nossas lutas pessoais. Os adolescentes nem tanto. Mesmo assim acabam ouvindo alguma coisa.

## Lembre-se dos marimbondos

Conte a seu filho que os engenheiros aeronáuticos garantem que os marimbondos não poderiam voar com o corpo que têm. Mas ninguém disse isso a eles, e voam muito bem.

Por menor que seu filho seja, vai entender essa história. Quando a criança se sente impotente diante de seus hábitos proteladores, é bom lembrar-lhe os marimbondos. Não importa o que digam dela, como costumam chamá-la nem o nome que dá a si mesma. Ela pode mudar esse hábito de deixar tudo para depois. Trabalhar esses novos conceitos com seu filho vai ajudar a reduzir as dificuldades de comunicação dentro da família, além de ser uma boa maneira de mostrar que ele é valorizado pelo que é.

É claro que transmitir a uma criança o conceito de "pare-de-deixar-para-depois" exige tempo e energia. Mas as vantagens de ter em casa uma criança feliz e responsável, que faz o que lhe compete e reconhece seu sucesso, certamente valerão a pena, além de reduzir seu estresse e o de sua família.

## O hábito de protelar é herdado?

Os pais me perguntam: "Por que meu filho deixa tudo para depois? Será que ele herdou de mim o gene da protelação? Porque eu faço a mesma coisa" ou "Ninguém da família é protelador. Como meu filho foi sair assim?"

As crianças descobrem – antes mesmo de falar ou de pensar logicamente – que protelar é bom. Entender como isso acontece é importante para conhecer as peculiaridades da lógica infantil, que na maior parte das vezes não se assemelha, nem de longe, à nossa. Um bebê que caiu de um sofá terá medo de altura porque pensa: "Na última vez que estive no sofá eu senti dor. Portanto, os sofás não são bons".

Outro exemplo da lógica das crianças: uma mulher conta que no dia em que foi instalada a extensão do telefone na casa seu irmão ligou e o filho de 4 anos atendeu. Ao mesmo tempo, ela ergueu o fone da extensão na sala ao lado e disse "alô". A criança perguntou, assustada, como ela conseguira chegar tão depressa à casa do tio.

Mais um exemplo da estranha lógica das crianças: Jane conta que quando seu pai faleceu ela foi explicar à filha Sandy o que era um velório. Jane disse que a alma do vovô – a parte dele que vivia, amava e ria – fora para o céu, que só o corpo estava no caixão, e a família ia ver o corpo pela última vez e fazer uma oração. Jane achou que tinha explicado muito bem o que era a morte, mas Sandy ficou histérica com essa idéia e não quis saber de ir.

Mais tarde, Jane ouviu Sandy descrever o que acontecera com seu avô a outras crianças: "Sabe, quando a gente desenha uma pessoa, a gente faz o corpo, depois põe cabeça, braços e pernas. Só o corpo do meu avô estava no caixão. Não sei o que fizeram com a cabeça nem com o resto".

Jane ficou espantada. Explicou tudo outra vez e agora, para ver se estava claro, perguntou a Sandy: "Você não acha estranho que fôssemos ver o corpo do vovô sem a cabeça?" E Sandy respondeu: "Acho, mas os pais fazem umas coisas bem esquisitas".

As crianças se tornam proteladoras não em reação a algum momento traumático, mas como resultado de uma experiência familiar normal processada pela estranha lógica que possuem. Alguma coisa que fazemos inadvertidamente como pais leva as crianças a protelar. É importante, por exemplo, ensinar os filhos a não esperar gratificação instantânea o tempo todo. Assim devemos ter dito a eles alguma vez:

"Agora não. Mais tarde".

"Não posso parar o banho do bebê no meio para ler uma história para você. Espere".

"Não posso ouvir você tocar piano agora. Estou atrasada para o trabalho. Farei isso mais tarde".

Algumas crianças aprendem a ter paciência, a esperar pela gratificaçao. Mas outras internalizam lições diferentes e decidem que também vão adiar.

Imagine que você tem 6 anos de idade e está recolhendo seus brinquedos, enquanto seu irmão fica sentado assistindo à televisão. Seu pai chega em casa preocupado com algum problema do trabalho e não diz nada sobre os brinquedos. A que conclusão chegaria essa criança de 6 anos? Algumas podem não chegar a conclusão nenhuma, mas outras poderiam pensar: "Eu também vou assistir à televisão e parar de recolher meus brinquedos". Essa decisão, é claro, é tomada no subconsciente, no qual os hábitos se instalam. Por que duas crianças criadas na mesma casa são tão diferentes? Uma pode tornar-se o maior protelador do mundo, enquanto a outra nunca adia o que tem para fazer.

## Preste atenção!

As crianças podem protelar só para chamar a atenção. Uma professora descreveu uma experiência em sua classe que ajudou a entender o poder de "chamar a atenção".

Ela dirigia uma discussão numa classe de "bem-dotados": adolescentes brilhantes, bem informados e perceptivos. Um deles disse que o oposto do amor era a raiva, e a professora corrigiu dizendo que, para muita gente, o oposto do amor era a indiferença. Enquanto a classe discutia isso, a professora disse: "Todo mundo prefere receber 'atenção positiva', como um sorriso, uma palavra delicada, uma demonstração de amizade. E vocês, o que preferem: receber atenção negativa, como uma expressão severa, uma repreensão, um castigo, ou não receber atenção nenhuma, ser ignorados?"

Todos os alunos preferiam ser ignorados a ser repreendidos ou receber um castigo. Um deles chegou a dizer: "Ninguém em sã consciência vai preferir a atenção negativa!"

No dia seguinte, quando os alunos entraram na classe, a professora, sentada à sua mesa, lia um livro. Todos se sentaram, e ela continuou lendo. Depois de algum tempo, os alunos começaram a chamá-la: "Ei, professora, o que está havendo?" "Iúúúúú, professora, está ouvindo?" Nesse ponto, a professora deu as costas à classe sem interromper a leitura. Aos poucos, os alunos passaram a gritar mais e mais alto e, afinal, aquela "elite" de bem-dotados estava lançando canetas, lápis e bolinhas de papel sobre a mesa da professora. Alguém atirou um livro que bateu na parede com estrondo.

Ela fingiu assustar-se, fechou o livro com força e jogou-o sobre a mesa. Então sorriu para uma classe espantada: "Vocês fizeram exatamente o que imaginei. Preferiram correr o risco de me deixar zangada – e até ser punidos – a ser ignorados. Agora vamos conversar sobre isso e saber por que preferiram provocar atenção negativa a não receber nenhuma atenção".

Quando as crianças cumprem suas tarefas, raramente lhes agradecemos ou as elogiamos. Por que deveríamos? Elas fizeram aquilo que tinham de fazer, certo?

Algumas crianças se satisfazem em realizar a tarefa mesmo sem receber nenhum *feedback*. Outras, para não ser ignoradas, adiam o que têm a fazer até que os pais comecem a gritar e reclamar, brigar e punir. Mesmo que pareça absurdo, a criança prefere receber atenção negativa a ser ignorada. Ela se comporta mal de propósito, para receber atenção, ou deixa seus pais furiosos sem fazer absolutamente nada, apenas protelando.

Quando encontrar seus filhos agindo corretamente ou se comportando bem, reforce essa atitude com atenção e consideração. Tente "passar ao largo" daquela protelação que tem como objetivo apenas provocá-lo.

Como os pais devem saber, nenhum conselho funciona sempre. Karina, uma moça inteligente e muito interessada em boa educação, é uma mãe muito carinhosa com o filho e bastante presente. Quando o menino tinha cerca de 2 anos, Karina estava no último mês de gravidez. Recostada na cama, ela mandou o filho guardar o brinquedo onde o encontrara. Ela repetiu pelo menos cinco vezes "ponha de volta no lugar" e até o ameaçou: "Não me faça levantar daqui para obrigá-lo a pôr o brinquedo de volta no lugar". A criança continuou sentada, olhando para ela com o brinquedo na mão.

"Por fim, resolvi me levantar", disse Karina. "Quando fui me aproximando, ele correu e guardou o brinquedo." Karina, mãe muito atenta, deu um abraço e um beijo na criança e disse: "Não é melhor fazer o que a mamãe lhe pede?"

Hoje, refletindo sobre o que aconteceu, Karina conta o que o filho aprendeu com essa demonstração de afeto: "Se ele tivesse guardado o brinquedo na primeira vez que mandei, não teria me levantado da cama e ele não receberia um abraço e um beijo. Talvez tenha aprendido que deve fazer o que a mamãe diz. Mas também pode ter aprendido que, por *não* ter obedecido imediatamente, ganhou um abraço e um beijo".

Nunca saberemos o que se passou na cabecinha da criança, mas Karina nos lembra que se pode fazer a mesma coisa a três crianças e cada uma interpretará o momento à sua maneira.

Ninguém vai ensinar deliberadamente o filho a protelar, mas podemos agir de modo que a criança interprete nossos atos como demonstração de que é melhor adiar uma tarefa.

## Fuja dessas conseqüências

É de cortar o coração ver nossos filhos sofrerem conseqüências sérias por algo que fizeram (ou não fizeram). A filha de Samuel adiou um trabalho de Ciências até o último minuto, e ele ficou acordado até altas horas para terminá-lo. Ela não sofreu nenhuma conseqüência. Talvez agora esteja pensando (no subconsciente): "Se adiar o que tenho de fazer, alguém aparecerá para me salvar e acabará fazendo muito melhor do que eu".

Samuel identifica a mesma atitude em um colega de trabalho que deixa tudo para a última hora e depois sai pelo escritório implorando para alguém ajudá-lo.

Outro exemplo de atitude dos pais que parece inocente, mas pode ser uma grande "lição" para nossos filhos sobre as vantagens de protelar, é fazer por eles as tarefas domésticas. Às vezes você fica tão cansado de lembrar e mandar, e até mesmo de brigar, que acaba fazendo para não se aborrecer.

Quando a única conseqüência que as crianças sofrerem por adiar suas obrigações for uma reclamação de nossa parte, mas acabamos por fazê-las em seu lugar, elas se tornarão dependentes e nunca desenvolverão a maturidade e a responsabilidade que precisam ter para se tornar adultos plenos.

**Nossos filhos não precisam de nossa ajuda para crescer, mas precisam dela para amadurecer.**

Será essa mais uma coisa para nos preocupar? "Minha nossa! Estou fazendo alguma coisa que ensine meu filho a adiar?" Não, absolutamente. Seu filho pode desenvolver o hábito de protelar de várias maneiras, a maioria das quais nada tem a ver com o que você diz ou faz. Mas existem estratégias que podem ser aplicadas para ajudá-lo a se livrar do hábito de deixar tudo para depois.

Antes de passar para as dicas e os conselhos que este livro oferece, pare um momento para entender alguns dos motivos pelos quais seu filho pode estar resistindo a todos os seus esforços para reprimir o hábito dele de protelar.

1. Se seu filho nunca sofre as conseqüências de deixar tudo para depois porque alguém (você?) continua a acobertá-lo, a solução é estabelecer algumas regras domésticas simples: primeiro as lições de casa, depois a TV; primeiro as obrigações domésticas, depois encontrar os amigos; primeiro uma semana sem se atrasar na escola, depois o passeio ao *shopping center.*
2. Seu filho pode desanimar por achar que não tem chances de mudar. A solução: explique a ele que adiar é apenas um hábito, conte a história do marimbondo. Se você está trabalhando para livrar-se do próprio hábito de protelar, conte sua experiência e mantenha-o a par de seus progressos.
3. As comunicações em família podem estar comprometidas a ponto de causar estresse, raiva e ressentimentos constantes. Nesse caso, a protelação não é o problema, e sim o sintoma de um problema muito maior que precisa ser tratado com a ajuda de um profissional.
4. A hora errada. Se seu filho acabou de ser punido ou repreendido, provavelmente está com raiva ou se sente envergonhado. Nesses momentos ninguém está aberto a discussões nem sugestões sobre o próprio comportamento. Espere um pouco e dê tempo para a criança se recompor.
5. As crianças esquecem com facilidade. Podem sofrer conseqüências e esquecer-se delas logo em seguida. Podem até nem associar a causa às conseqüências. A solução: espere até o comportamento de protelação

se repetir e aponte-o à criança. Diga-lhe que a vida seria diferente se ela fizesse as coisas na hora certa.

A maioria dos pais sabe que uma criança que protela precisa ser disciplinada, mas entende *disciplina* somente em termos de punição. Os dicionários definem *disciplina* como "treino ou aprendizado que desenvolve o autocontrole, o caráter, a ordem e a eficiência". Se você e seus filhos formarem uma equipe, poderá ajudá-los a adquirir habilidades que serão úteis para sempre em todos os aspectos da vida – talvez até para *você*.

## TRABALHO DE EQUIPE

Esta é uma página de atividades que serve para ajudá-lo, e não para deixá-lo ansioso nem culpado. Você pode decidir não usá-la ou usá-la em parte ou no todo.

*Para discutir*

- Protelar é um hábito; você pode mudá-lo.
- Conte a história dos engenheiros aeronáuticos que disseram que os marimbondos não poderiam voar.
- Se algumas tarefas domésticas não forem realizadas, haverá conseqüências negativas.

## O Próximo Passo

*Para fazer*

- Tome a decisão de ajudar seu filho a não protelar mais.
- Conte a ele suas experiências de protelação.

- Crie regras domésticas de "trabalho primeiro, diversão depois" (reforce as já existentes ou introduza novas regras):
  - Pergunte a seu marido (ou a sua mulher) se são necessárias novas regras.
  - Conte às crianças como serão essas novas regras.
- Mantenha o senso de humor.

# 2

# O Poder das Recompensas

MUITAS CRIANÇAS (E ADULTOS TAMBÉM) OLHAM PARA UMA coisa que não gostam de fazer e pensam: "Assim que terminar isso que detesto fazer, logo haverá outra coisa que também detesto fazer, então não vou nem me preocupar em fazer a primeira".

Há outra maneira de ver essa situação. As pessoas que não protelam ("antiproteladoras") sabem que todos têm coisas que não gostam de fazer. Ninguém neste mundo está livre dessas atividades abomináveis. Mas seu segredo é: quando terminar a primeira atividade abominável, não vá logo fazer a segunda. Dê uma pausa e recompense a si mesmo.

Incentive seu filho com recompensas nas regras domésticas. Essas regras garantirão que as tarefas sejam realizadas imediatamente e ao mesmo tempo incutirão nas crianças a idéia de trabalho e recompensa. Arrume seu quarto, depois pode brincar no computador. Cuide do cachorro, depois vá encontrar seus amigos.

Um sistema de recompensas diferenciado deve ser aplicado às tarefas que a criança costuma adiar e são mais importantes para você do que para ela. Em outras palavras, algumas crianças não se incomodam com o fato de que a pilha de roupa suja esteja aumentando, outras demoram tanto tempo para se aprontar para sair que acabam deixando a família completamente louca. É o que acontece com a maioria delas quando se começa a trabalhar para transformar o hábito de adiar, mas se aplica principalmente a crianças pequenas. Nesse caso, é preciso providenciar uma recompensa que lhes agrade e as estimule de fato.

A lista de recompensas deve incluir coisas que a criança goste de fazer ou que estimulem outras idéias. Surpreendentemente, muitas dessas recompensas se aplicam a crianças de todas as idades.

- Passeios de que as crianças gostem.
- Ficar com os amigos.
- Um lanche ou uma refeição especial.
- Brincar no computador.
- Assistir à TV.
- Um novo CD ou DVD.
- Um novo jogo de computador ou *software*.
- Dinheiro.
- Passar algum tempo fora de casa.
- Ganhar um novo equipamento esportivo.
- Uma novidade qualquer para seu quarto.
- Roupas novas.

*Especialmente para crianças da pré-escola:*

- Passar algum tempo com você ou com um adulto importante para elas.
- Alguém ler seu livro favorito para elas.
- Um brinquedo novo.
- Um livro novo.

- Um passeio ao *playground*, ao parque, à piscina ou a outro lugar ao qual gostem de ir.
- Um passeio com a família.
- Passar algum tempo fora de casa.
- Sair para comer.
- Qualquer oportunidade de atrair a atenção dos pais.

*Especialmente para crianças de 7 a 12 anos:*

- Executar um projeto com você ou com outro adulto, seja num grupo de jovens, seja num time esportivo, seja em outra organização qualquer (por exemplo: não fazer a lição de casa significa não participar das atividades dos escoteiros ou não sair com a turma até que as notas melhorem).
- Um passeio no *shopping center.*
- Dormir na casa de amigos.
- Um passeio na praia.
- Telefonar para os amigos.

*Especialmente para adolescentes:*

- Um trabalho de meio período, incluindo-se o de *baby-sitting* (por exemplo: notas baixas significam sair do trabalho e não ter dinheiro).
- Permissão para sair.
- Permissão para ficar fora além da hora combinada.
- Por mais que isso possa surpreender, alguns adolescentes ainda gostam de sair com os pais para comer ou ir a algum lugar especial.

Elabore com seus filhos uma lista de recompensas agradáveis. Se eles já souberem escrever, melhor ainda. Mesmo que a letra não seja tão bonita, ajuda a reforçar o fato de que as recompensas são idéias das crianças, e não suas.

Além disso, quando vocês fizerem a lista (*brainstorming*), as idéias tolas, negativas ou malucas também devem ser aceitas. Isso vai ajudá-los a se abrir para novas idéias. É importante envolver a criança na elaboração da lista porque é mais fácil aceitar as próprias idéias do que as idéias dos outros.

Lembre-se sempre de que a recompensa precisa ser conveniente para você. Não é aconselhável que a criança espere passear no parque no dia em que você não puder fazer isso. Suas necessidades precisam ser respeitadas.

Alguns exemplos:

Suponhamos que você diga a uma criança pequena: "Se você não reclamar nem demorar para tomar banho e se já estiver na cama na hora certa, eu lerei para você". (A criança pode pedir a história que quer ouvir ou você pode escolher uma que a relaxe e tranqüilize.) Para os mais velhos: "Se você passar pelo período de avaliação sem entregar nenhuma lição atrasada, prometo levá-lo ao cinema" (ou às compras, pescar, a um jogo, passear de bicicleta, tomar um sorvete, só os dois). Você e seu filho podem escolher algo que gostem de fazer e iniciar uma rotina especial para ambos.

**Lembre-se de que a criança ouve tudo. Conversando com outra pessoa, faça a criança ouvir você dizer que ela "obedece no ato" e faz as coisas na hora certa. Ouvir um elogio é sempre a melhor das recompensas.**

A esta altura, muitos pais devem estar pensando que nenhuma recompensa servirá para seu filho, pois ele não tem um ponto fraco e *nada* o motivará.

Era o que Allison pensava de sua filha, Emily, de 8 anos de idade:

> Eu disse a Emily que faríamos algumas mudanças e que eu estava falando sério sobre suas obrigações domésticas. Ela reclama de não ter tempo para ficar comigo, mas isso é porque faço tudo em casa, inclusive o que compete a ela.
>
> Então fiz uma lista de atividades simples e ela disse: "Não vou fazer isso. Não quero brincar lá fora. Não quero ver TV. Não quero nada. Não vou fazer e pronto".
>
> Eu não conseguia encontrar seu ponto fraco. Achava não haver nenhum. Mas ela vivia dizendo que gostava muito de duas músicas que tocavam no rádio. Eu não queria comprar o CD (as outras músicas eram horríveis, mas aquelas duas eram boas). Então baixei as músicas no computador e gravei um CD para ela. E disse que, se cumprisse com suas obrigações (que ela odiava), ganharia o CD com suas músicas preferidas no fim de semana. Em tom revoltado, ela disse: "Não quero nada. Não quero nenhum prêmio". Respondi: "Então pense no que você quer", e ela repetiu que não queria nada. Por fim, mais tarde disse querer uma cadeira especial para seu quarto, que já havíamos planejado comprar.
>
> O humor de Emily era muito instável. Primeiro, ela se opunha a qualquer coisa que eu propusesse, depois se mostrava cooperativa. Eu já estava ficando desanimada quando resolvi imprimir uma lista de coisas a fazer. Emily tirou a lista da im-

pressora antes que eu voltasse ao computador, e achei que fosse picá-la em mil pedaços. Em vez disso, pregou a lista atrás da porta de seu quarto, onde pudesse vê-la. Depois pregou um pôster de Aaron Carter em cima da lista, e eu pensei que no dia seguinte não se lembraria mais dela.

Mas, nos dias que se seguiram, Emily chegava da escola, erguia o pôster, lia o que havia para fazer e fazia. Punha as roupas sujas no cesto todos os dias, depois podia comer a sobremesa. Recolhia seus brinquedos todos os dias, depois podia sair por trinta minutos. Passava o aspirador três vezes por semana, depois escolhia entre ver televisão ou encontrar os amigos na rua. Depois ela perguntou se podia escolher o CD como prêmio em vez da cadeira para o quarto. Eu pensei que não quisesse mais o CD, mas ela havia mudado de idéia. Por mim, tudo bem.

É claro que ela *queria* o CD inteiro, mas eu continuei negando.

Afinal, eu havia acertado, pois o CD era o ponto fraco de Emily e ela só o recusara por rebeldia. Precisei apenas ser paciente e esperar que superasse a teimosia em relação ao que devia fazer. Hoje, ela olha a lista de tarefas com prazer e entusiasmo e faz tudo muito bem-feito.

Mesmo que você ofereça uma recompensa (ou prêmio, como Emily dizia), deixe que seus filhos escolham o que gostariam de receber (com sua aprovação, é claro). Se sentirem que a escolha é *deles,* darão muito mais importância a ela.

Se não conseguir pensar em nada importante para eles, a regra então será dar o que esperam receber. Por exemplo:

- Para a criança pequena: "Se você chorar e fizer manha para se vestir, não brincará no computador".
- Para a criança em idade escolar: "Se você não fizer as tarefas da escola, pode esquecer a televisão".
- Para o adolescente: "Se você não voltar da festa no horário combinado, ficará duas semanas sem sair".

Não é razoável que uma criança espere uma recompensa muito grande por um trabalho pequeno. Ela só deve esperar o que for possível. Se você não puder ir com sua filha ao *shopping* depois de ela cumprir as obrigações domésticas por um dia, talvez essa não seja uma boa recompensa. Mas, se ela cumprir com suas obrigações durante toda a semana *na hora certa* e *sem precisar ser lembrada,* talvez mereça passear no *shopping* por algumas horas.

Ellen, mãe de três meninos em idade escolar, ajudou-os a romper o hábito de se atrasar na escola depois de muita briga usando a hora de ir para a cama como recompensa. Se eles conseguissem se aprontar antes da hora de sair para a escola, poderiam ficar acordados por mais meia hora à noite. Mas, se Ellen tivesse dificuldade de tirá-los da cama pela manhã ou se ficassem brincando, deixassem tudo para a última hora e se atrasassem, ela decidiria que estavam precisando dormir mais e iriam para a cama mais cedo. De repente, a semana se passou e ninguém se atrasou para a escola. Ellen então resolveu dar uma "festa", pedir uma pizza e alugar um filme para assistir à noite. (Não é preciso dizer que Ellen pediria a pizza de qualquer maneira.)

Quando não houve mais atrasos por vários meses, ela anunciou que a casa merecia uma piscina e, juntos, foram todos comprá-la. Ellen comentou que as manhãs passaram a ser muito melhores depois que os meninos pararam de brincar e correr pela casa feito doidos. E ainda teve a grata surpresa de ouvir deles, depois de algum tempo, que as manhãs estavam mais calmas e agradáveis para todos.

Mesmo que tenha escolhido uma recompensa especial para mudar um mau hábito, não há nada que impeça você ou outro adulto de "aumentar a recompensa" se notar um esforço sincero e persistente. Nós estamos trabalhando para romper um hábito muito destrutivo. Se você descobriu uma maneira melhor de celebrar o sucesso de seu filho, vá em frente.

## Conseqüências compensadoras

Por mais que as conseqüências negativas pareçam ser o oposto das recompensas, elas também fazem parte desse sistema. As regras domésticas em geral estão vinculadas à perda de privilégios ou a punições de algum tipo.

"Você conhece a regra: se a lição de casa não for feita (as conseqüências vão depender do que for importante para a criança), não haverá videogame, computador, TV nem brincadeira com amigos." As famílias estabelecem conseqüências diferentes para cada criança, que logo vai descobrir que é escolha *dela* se divertir ou não se fizer o que se espera dela.

Por mais dificuldade que você tenha de manter as conseqüências ou as recompensas que estabelece para um filho, pense bem:

- Você prefere ralhar com seus filhos?
- Acha que ralhar funciona?
- Isso não provoca discussões e brigas?
- Acha que é melhor brigar com seus filhos?
- Não acha cansativo ralhar, discutir e brigar?

Quanto a nós, adultos, são as conseqüências que nos mantêm na linha na maior parte do tempo.

Se nos apressarmos, conseguiremos comprar o ingresso para o jogo.

Se não cuidarmos do bolo que está no forno, ele se queimará.

Se nos atrasarmos com freqüência no trabalho, receberemos uma avaliação negativa – e talvez não tenhamos aumento de salário, não sejamos promovidos e até corramos o risco de ser demitidos.

Todo mundo aprende a seguir regras na vida, e as crianças também devem aprender. Às vezes os pais se queixam de dificuldades para impor regras e conseqüências. Dizem: "Acho terrível que minha filha não possa sair porque seu quarto não está limpo. Adoro minha filha, mas não posso fazer nada, ela tem de aprender".

É mesmo difícil ver um filho triste ou aborrecido. Mas lembre-se de que você não estará fazendo favor nenhum se deixar que o comportamento de seu filho o irrite a ponto de começar a gritar e a criança acabar chorando.

É mais saudável e produtivo impor regras e conseqüências. Essa é a melhor maneira de ajudar a criança a parar de protelar e fazer o que se espera dela. Será muito mais feliz no longo prazo.

### EQUIPE DE CUMPRIMENTO DE REGRAS

**Pense em formar "parcerias" com os adultos que costumam passar algum tempo com seu filho. Explique que são regras domésticas para desesti-**

mular o hábito de adiar e peça a cooperação e o apoio de todos. Dentre eles estão:

- Pessoas da família ou qualquer outra que cuide de seus filhos ou ajude a educá-los.
- Professores (eles não são adversários, e sim parceiros na educação dos filhos).
- Ex-marido ou ex-mulher (mesmo que vocês sejam adversários em outras áreas, esforcem-se para se unir no que diz respeito à educação dos filhos, inclusive no aspecto da protelação). Diga o que pretende, descreva as novas regras da casa, peça o apoio dele(a) e, em troca, ofereça seu apoio a quaisquer regras domésticas que seu ex-companheiro ou companheira queira estabelecer.

Pergunte que regras essas pessoas poderíam sugerir para ajudar seu filho a deixar de adiar e adote-as. Se alguma dessas pessoas não estiver ajudando a reforçar as regras, conte a ela o que está fazendo, explique seu objetivo, a importância de reforçá-las e peça que coopere.

## Essas regras são "legítimas"?

As crianças aprenderão a conviver com regras se acreditarem que são legítimas. Mas, para saber se são mesmo, elas vão desafiá-las, testá-las e tentar sabotá-las de qualquer jeito.

Uma criança pode não acreditar na legitimidade das regras porque seu pai a livra das situações difíceis. É o que ele acha que um "pai carinhoso" deve fazer.

Se a criança acreditar que a regra é legítima, irá segui-la mesmo que pareça absurda. Um adolescente me contou que, no jogo de *paintball*, se alguém tirar a máscara uma vez (para limpar a tinta do visor ou só para olhar em volta) e o juiz o vir, será proibido de participar das próximas duas rodadas. Se for pego sem máscara pela segunda vez, será expulso do jogo *permanentemente.* Nunca mais poderá jogar naquele local. Pode parecer um tanto rígido, mas o *paintball* é um jogo de adolescentes e as regras não dão espaço para rebeldia. Os participantes que quiserem jogar terão de obedecê-las – legítimas ou não.

Se os pais sabotarem continuamente as conseqüências da quebra de uma regra doméstica, as crianças chegarão à conclusão de que essa regra não é válida e, portanto, não precisa ser seguida.

Na maior parte das vezes somos nós, os pais, que determinamos as conseqüências para os filhos. Quando alguém mais as determina, podemos apoiá-las sem precisar forçar nem "brigar" por isso. Se meu filho não praticar trompete nesta semana, terá de entender-se com o professor de música. A regra é "quem não praticar, não pode tocar na banda". Sinto pena dele e digo: "Acho um pouco duro, mas essa é a regra. Se for importante para você tocar na banda, sabe o que precisa fazer".

É claro que seria muito mais fácil dizer que o professor exagerou. Mas tenha cuidado. Alguns pais são levados à loucura pelos filhos proteladores, e quando eles sofrem as conseqüências desse comportamento na escola, num clube para jovens, numa banda ou em qualquer outra atividade tornam-se superprotetores e correm para defendê-los. Alguns chegam ao ponto de se aliar aos filhos ajudando-os a mentir por não ter feito o que deveriam. A escola e outras entidades devem impor suas regras. Com seu apoio, vão ajudá-lo a conseguir que seu filho pare de adiar sem que você tenha de se descabelar para isso.

## Um monumento vermelho à protelação

Adultos e crianças sabem que leva tempo para mudar um hábito. Às vezes, a mudança ocorre da noite para o dia, outras passam-se meses até que se consiga um novo comportamento. Frances, por exemplo, lavava as roupas da filha, punha-as numa cesta vermelha de plástico e a deixava no lugar onde a filha, de 10 anos, assistia à televisão para que as dobrasse e guardasse. "Eu punha a cesta no meio da sala e lá ela ficava. Fazia tudo para chamar a atenção de Jessie, mas ela fingia não ver mesmo que passasse por cima e até tropeçasse na cesta. Era um monumento vermelho à protelação e um cansativo teste de teimosia!"

Jessie não dava à cesta a importância que sua mãe lhe conferia. As recompensas não a impressionavam. Ter roupas limpas para vestir não bastava para recompensá-la.

Uma amiga sugeriu: "Ponha a cesta no quarto dela, feche a porta e pare de reclamar. Se for essa a *única* coisa que ela deixa para fazer depois, permita-lhe essa rebeldia. Mas, se ela costuma adiar tudo, escolha uma ou duas coisas para impor e poupe sua energia para o que realmente for importante".

Concordo com ela. Não vale a pena tanta reclamação (nem tanta briga). Nossa energia e sanidade são preciosas demais para tanto atrito diário. Mas, se você não quiser dei-

xar passar, sempre ajuda estabelecer uma regra doméstica – não sair com os amigos até que as roupas estejam guardadas, por exemplo. Se isso não der resultado, não será preciso deflagrar a "terceira guerra mundial". Dê de ombros e diga a sua filha: "Você conhece as regras". Jessie acabará entendendo que tem a liberdade que merece e, se não fizer o que se espera dela, essa liberdade será muito pequena.

**Escolha suas batalhas.**

## A escolha de recompensas

Depois de estabelecer a regra doméstica de "trabalho primeiro, recompensa depois", o próximo passo será passar a escolha de recompensas à própria criança.

Mas atenção: quando vocês estiverem conversando sobre a recompensa que ela daria a si mesma, talvez a criança se mostre meio interessada, meio distraída e pergunte: "Que tipo de recompensa?"

O que fazer então? Façam juntos uma lista de recompensas. Nem todas elas precisam ser oferecidas por você, algumas podem ser privilégios, como sair com os amigos ou usar o computador. A própria criança vai determinar como usar seu tempo se cumprir suas taefas.

Algumas "recompensas autoconcedidas" só se aplicam a crianças maduras que já revelam certa disciplina. Depois que as regras domésticas estiverem estabelecidas e reforçadas, esses conceitos passarão a fazer parte da rotina da criança.

Uma criança de 5 anos, por exemplo, sabe que depois que der comida ao cachorro poderá escolher um DVD para assistir. A recompensa autoconcedida será escolher e assistir a um DVD. Ela nem vai precisar de você para ligar o aparelho.

Uma criança de 11 anos que começa a estudar piano mais cedo no sábado porque quer logo sair para jogar bola ou o adolescente que diz "só vou ler meu livro de ficção científica depois que terminar a lição de casa" estão se recompensando. Ninguém terá de dar nada a eles nem de levá-los a lugar nenhum.

Em geral, o próprio processo de discussão das possíveis recompensas acaba por tornar-se muito divertido, além de ser uma oportunidade de conhecer melhor seu filho. Se você acha que já sabe qual seria uma boa recompensa, talvez se surpreenda.

Como e onde vocês conversam? Pode ser no carro, na fila do caixa do supermercado ou na sala de espera do dentista. Não precisa ser num "encontro" formal, um sentado na frente do outro.

Sou defensora da "comunicação dentro do carro" por várias razões:

1. Quando você está levando uma turma de crianças em seu carro, elas esquecem que está presente ou você se torna invisível (não sei bem qual dos dois), mas dirão coisas que jamais diriam na sua frente. Por isso sempre aconselho os pais de adolescentes a levá-los aonde quiserem ir. Você não vai acreditar nas coisas que ficará sabendo.
2. Algumas crianças não gostam de conversas que envolvam contato visual, portanto sentar-se lado a lado no banco de um carro, ou mesmo conversar quando elas estão no banco de trás, as deixará muito mais à vontade para falar.
3. Alguns adolescentes se mostrarão muito mais dispostos a falar se souberem que a conversa terminará logo (eles ficarão no próximo quarteirão) do que se pensarem que vai durar para sempre (o que, para um adolescente, não é mais de três minutos).
4. Em geral, as crianças têm mais facilidade de conversar com os pais dos amigos do que com os próprios pais (lembra-se de quando você era criança?). Então aproveite e converse com a turma quando estiver em seu carro. Os amigos de seu filho responderão a suas perguntas ou começarão uma conversa, e seu filho logo se juntará a eles.

## Recompensas realistas

Seu filho (e você também) precisa ser criativo nas recompensas. O que dar a si mesmo? A princípio ele não vai saber, mas você pode sugerir algumas coisas. Aos menores, por exemplo, depois de terminar as tarefas domésticas, diga para pegarem a aquarela e colorir com você. Já os maiores, depois de guardar as roupas, poderão chamar os amigos.

As recompensas devem ser significativas. Se forem importantes para você, mas não para eles, não irão motivá-los e acabarão se tornando uma estratégia inútil. Dizer que "terminar a tarefa devia ser uma boa recompensa para você" é uma bobagem – não só para a criança mas também para os adultos. Se isso fosse verdade, por que teria deixado para fazer depois?

As recompensas devem também ser imediatas. Quanto mais nova for a criança, mais rápida deverá ser a recompensa: "Quando chegar da escola, guarde o seu material e poderá ligar o computador".

Ajude seu filho a estabelecer recompensas realistas e viáveis – pequenas recompensas para pequenas atividades, recompensas maiores para grandes atividades. Você não vai levar seu filho à Disney só porque ele arrumou o quarto.

Se você fizer parte da recompensa, ela terá de ser viável para você também. Para algumas crianças, o dinheiro é um grande incentivo, para outras, a quantia de dinheiro de que acham necessitar para sentir-se motivadas não é bem o que os pais concordariam em dar.

Derek, de 4 anos, sabe que depois de tomar o café da manhã tem de se vestir, recolher os brinquedos e levar os sapatos para que sua mãe o ajude a calçá-los. Só então pode assistir aos desenhos animados que adora. Sua mãe criou um sistema de recompensas com base no que ele consegue fazer. Quanto mais brinquedos recolher, mais valerão as moedas que receberá. Ele está juntando dinheiro para comprar seu próximo dinossauro, brinquedo que adora. Derek gosta disso, gosta de ver o dinheiro crescer em seu cofre de porquinho e está aprendendo a economizar. Quando resiste, não vê televisão e vai perdendo alguns privilégios (tomar chocolate com leite, alugar um filme etc.), assim já entende que haverá conseqüências se não fizer o que deve.

**Pequenas recompensas por pequenos trabalhos, recompensas maiores por grandes trabalhos.**

Uma criança de 5 anos ganha uma moeda de sua mãe toda vez que leva suas roupas para a área de serviço *sem ninguém mandar.* Depois compra um pirulito ou um sorvete.

As crianças pequenas adoram fazer as coisas com os pais: "Você me ajuda a pôr a mesa e depois brincaremos juntos".

As crianças mais velhas, e até os adolescentes, também querem estar com os pais fazendo algo de que gostem.

Junto com seus filhos, pense em algumas recompensas possíveis: as mais motivadoras são as que eles mesmos escolhem. Observe a expressão deles: se a recompensa certa for mencionada, o rosto se ilumina – a menos que você esteja lidando com um adolescente especialmente mal-humorado que jamais se deixa surpreender sorrindo.

Feita a lista, pregue-a onde possa ser vista facilmente, usando desenhos ou adesivos se a criança não souber ler.

As recompensas exigem raciocínio e criatividade. Professores, babás, avós – quem fica com a criança – sempre têm boas sugestões. Você pode até pedir a seu filho que o ajude a pensar em alguma recompensa. Crianças menores certamente vão sugerir aquilo que gostariam de receber. Se a criança passar por esse processo primeiro com você, a escolha de novas recompensas se tornará mais fácil e confortável.

Ter tempo livre é a recompensa preferida da maioria dos adultos e também de muitas crianças. A professora Nora Bennett recompensa seus alunos com 25 minutos de tempo livre no final do dia. "Quem tiver terminado a lição de casa e o trabalho de classe e se comportar bem ganhará tempo livre, que poderá ser usado em atividades dentro da classe ou, se o dia estiver bom, em atividades externas. Foi a melhor ferramenta que encontrei. Todo mundo quer ter tempo livre. Algumas crianças gostam de aproveitá-lo lendo os livros da biblioteca de classe, outras brincam com jogos de tabuleiro, usam o computador, fazem a lição de casa, conversam com os colegas, fazem um desenho. Nos dias bonitos, todas querem sair para jogar bola. Tenho uma auxiliar de classe que me ajuda a supervisionar os vários grupos."

## Ensine bem seus filhos

Uma mulher inteligente e articulada me escreveu lamentando nunca ter tido ninguém para ajudá-la a vencer o hábito de protelar na infância:

> Tenho 31 anos. Meu problema na escola era adiar os trabalhos até o último momento, o que me obrigava a fazê-los correndo, ficando insatisfeita com o resultado e em geral tirando notas baixas. Acabei desenvolvendo auto-estima baixa (embora esse

não tenha sido o único fator responsável) e terríveis sentimentos de inadequação, alguns dos quais infelizmente ainda trago comigo.

Não culpo meus pais por isso, mas gostaria que tivessem exigido mais de mim na hora de fazer a lição de casa. Nunca me esforcei o bastante nem me dediquei o suficiente aos estudos porque não aprendi a ser responsável. Quando deixava tudo para depois e acabava ficando para exame (o que acontecia 99% das vezes), sempre tirava notas baixas. E então tinha de ouvir o discurso: "Nós sabemos que você não é burra, se não tirar um B na próxima prova não vai ao... blablabla". Na época, tudo me parecia normal, mas hoje sei que ninguém me *mostrou* como desenvolver um projeto por partes de modo a não me sentir tão sobrecarregada. Nunca me ensinaram a planejar meu tempo de estudo de cada matéria. Os pais deveriam trabalhar *com* os filhos nesse aspecto, o que os ajudaria por toda a vida. Não basta apenas mandá-los fazer e depois censurá-los quando não conseguem.

É muito provável que seu filho não goste de ser um protelador. Cabe a você ajudá-lo a encontrar outra maneira de fazer as coisas.

### DICAS PARA VOCÊ E SEU FILHO

- **Seja realista e razoável – uma viagem à Disney é maravilhosa, mas não só porque você arrumou seu quarto.**

- **Use a criatividade: o que você pode dar a si mesmo?**
- **Concentre-se numa recompensa significativa que o motive a continuar batalhando.**
- **Prefira uma recompensa imediata – algo que você pode receber assim que terminar um projeto ou um trabalho.**

## TRABALHO DE EQUIPE

*Para discutir*

– Primeiro o trabalho, depois a recompensa.
– Conseqüências positivas ocorrem quando as crianças não adiam (e *podem* escolher se "a vida é boa" ou não).
– Fazer listas sempre ajuda.
– Seu filho precisa de ajuda para fazer uma lista?

## O PRÓXIMO PASSO

*Para fazer*

– Em grupo, façam uma lista de recompensas (você pode se surpreender com o que seus filhos consideram recompensa).
– Enumere as recompensas que dará a seu filho depois que ele fizer algumas tarefas (dinheiro, carona, comidas especiais).
– Liste as recompensas que seu filho pode dar a si mesmo por fazer algumas tarefas (privilégios: sair com amigos, brincar no computador ou ver TV).

- Comemore quando perceber um esforço sincero para mudar o hábito de protelar.
- Reforce algumas regras para seu filho saber que elas são reais.
- Dê carona a seus filhos e aos amigos deles com mais freqüência.
- Converse no carro. Pergunte quem costuma deixar tudo para depois.

# 3

# Estratégias Sólidas para Crianças Muito Ocupadas

NÃO HÁ MOMENTOS EM QUE VOCÊ SE SENTE DESANIMADO e cansado diante de tanta coisa para fazer? Bem, com as crianças acontece a mesma coisa, mas elas talvez não saibam como reagir construtivamente a esse tipo de estresse.

Em geral não conseguem ver a luz no fim do túnel quando têm mais de uma lição de casa ou mais de uma tarefa doméstica para fazer. Se têm o quarto todo para limpar, não sabem por onde começar. As crianças se sentem sobrecarregadas facilmente. Não sabem que o segredo é dividir a tarefa em pequenas partes e fazer uma de cada vez em lugar de tentar fazer tudo ao mesmo tempo. Pode ser óbvio para você, mas para seu filho é uma nova habilidade a adquirir.

No fim do dia, os dois filhos pequenos de Mick logo se cansavam de recolher os brinquedos. Ela então se lembrou de que quando o mais velho estava na creche havia uma regra: quando terminar de usar um brinquedo, terá de guardá-lo antes de pegar outro. Os carrinhos precisavam ser guardados antes de usar os blocos de montar, e assim por diante. Então Mick decidiu adotar essa rotina também em casa.

O filho de 5 anos aprendeu rapidamente as novas regras, mas o caçula não cooperava. Mick comprou um pequeno armário cuja porta podia ser trancada. As crianças "devolviam" os brinquedos com os quais não queriam mais brincar antes de tirar outros do armário. Mick não se incomoda por interromper seus afazeres para abrir a porta. Na verdade, isso nem acontece tantas vezes assim. Além disso, ela se orgulha de que as crianças tenham aprendido a fantástica habilidade de concluir uma atividade antes de iniciar a próxima – habilidade que lhes será útil por toda a vida. E o mais importante é que as crianças já não se cansam tanto por ter de recolher os brinquedos.

Incentive seu filho a elaborar um plano antes de realizar tarefas complexas. Peça a ele que faça apenas uma lição de casa ou uma tarefa doméstica por vez. Se o quarto precisa ser arrumado, por que não começar pela cama e depois recolher os brinquedos do chão ou guardar as roupas primeiro e depois organizar os papéis que estão espalhados?

Seu filho conhece o velho ditado que diz "como se caminha um quilômetro? Dando um passo por vez"? Dê exemplos de situações nas quais você tinha muitas coisas para fazer e as dividiu em partes.

### DICAS PARA SEU FILHO

**Se há muita coisa para fazer,**
**E você acha que não dará conta,**
**Divida as tarefas em pedacinhos**
**E faça um de cada vez.**

## Quando seu filho se sente sobrecarregado

Não existe idade limite para sentir-se sobrecarregado. Os pré-escolares estão na idade ideal: você pode evitar o sério hábito dc protelar ajudando-os quando têm muita coisa a fazer. Crianças mais velhas também estão na idade ideal porque já têm condições de entender os conceitos. Sara descreve esta cena de sua infância: "Lembro que na escola primária eu adiava a lição de casa até a hora de dormir... Então ia me deitar e ficava me torturando de medo da professora e de vergonha dos meus colegas".

Crianças de todas as idades podem sofrer ansiedade pelas coisas que adiam, mas as menores raramente falam disso. A criança mais velha diz: "Estou nervosa por causa do exame" ou "Meu estômago está doendo por causa desse trabalho" ou "Tenho dor de cabeça só de pensar em todos os papéis que tenho de preencher para o vestibular". Os mais velhos também têm dificuldade de identificar e expressar seus sentimentos quando estão sobrecarregados.

Ocasionalmente, se você sabe que alguma coisa importante está para acontecer e a criança começa a adiá-la, pergunte: "Você sente um frio no estômago quando lembra que tem de decorar as falas da peça?" Se ela admite que sim, explique que esse tipo de ansiedade só alimenta a inércia. Quanto menos ela estudar ou se preparar para aquilo que teme, mais frio no estômago sentirá. Quanto mais tempo e energia investir no que estiver adiando, menos ansiosa se sentirá. As crianças mais velhas entendem bem isso. Entre as mais novas, algumas entendem e outras não. Tente dar um exemplo que tenha acontecido com você. Oriente seu filho e dê sugestões para ajudá-lo a iniciar um plano de ação:

- "Leia só um capítulo esta noite para fazer o resumo do livro. Não o livro todo, apenas um capítulo".
- "Para decorar suas falas na peça, grave-as e ouça-as sempre que tiver oportunidade, mesmo antes de dormir".
- "Para a inscrição no vestibular, escreva tudo de que vai precisar num caderno. Assim, quando preencher os formulários, terá todos os dados ao alcance das mãos".
- "Marque uma data para estudar com seu amigo para o exame final e não aceite conversas nem brincadeiras (bem, ao menos não exagere). Não aceite sequer comer um lanche até vocês terem repassado toda a matéria".

Se seu filho é ansioso, isso vai ajudá-lo a sentir alívio imediato. Quando se toma *uma atitude* em relação ao que se vem adiando e causa tanto estresse, a ansiedade tende a diminuir.

## A equipe da lista de tarefas (inclua também os pequenos)

Muitos adultos descobrem, quando ficam estressados ou ansiosos por adiar alguma coisa ou por estar sobrecarregados, que basta fazer uma lista de tarefas para controlar melhor a situação. Ensine seu filho a fazer essas listas.

Há muitas maneiras de ensinar uma criança a escrever uma lista de tarefas. Você poderá ajudá-la se ela estiver sobrecarregada – uma lista para subdividir um projeto muito grande ou priorizar tarefas diversas. Pode também contar a ela como é sua lista, fixá-la na porta da geladeira ou em qualquer outro lugar estratégico, para que a criança possa vê-la e seguir seu exemplo, ou ainda fazer um carnaval quando eliminar uma tarefa da lista: "Oba! Consegui fazer!"

Olívia inventou uma brincadeira para incentivar sua filha de 3 anos a combater o hábito de protelar:

> Minha estratégia diária é organizar o que quero fazer no dia, depois mostro a lista a minha filha quando estamos na mesa tomando o café da manhã. Se tenho muito trabalho em casa ou se podemos sair para passear à tarde, ela fica sabendo o que faremos durante todo o dia. Isso a ajuda a perceber que já temos um plano, e geralmente conseguimos fazer tudo o que foi estabelecido.
>
> Outra coisa que funciona é fazer uma tabela de planos para ela (eu também tenho a minha). Se ela tem uma idéia que não pode ser executada de imediato, nós a incluímos na tabela. Assim ambas saberemos o que fazer em outro momento. É bom haver várias coisas que ela queira fazer caso esteja chovendo!

Quando as crianças aprendem a fazer suas listas, algumas passam a segui-las, outras não. Mas é possível que seu filho não demonstre nenhum interesse em fazer listas. Espere algumas semanas, ou meses, e então toque no assunto novamente. Ele vai olhar para você e dizer: "Não é má idéia. Acho que vou tentar!"

Além disso, talvez seu filho não queira fazer a lista no momento em que você sugerir. Um dia ele chegará em casa dizendo que o treinador teve uma idéia brilhante: escrever uma lista de tarefas. Se isso ainda não aconteceu com você, algum dia vai acontecer. Não tenha dúvida!

## Estabeleça prioridades quando há muito a fazer

Crianças pequenas não têm noção de tempo, e a maioria não consegue calcular quanto tempo levará para concluir um projeto. Elas dizem: "Agora não tenho tempo, vou deixar para fazer no sábado, quando terei o dia inteiro". Outra variante é: "Faz uma hora que estou nesta lição". Mas toda vez que você olha para elas vai encontrá-las andando em círculos, batendo o lápis na mesa, olhando para o teto ou brincando com a régua, jamais concentradas no livro. Mesmo assim, elas *dirão* que trabalharam na lição de casa durante toda a tarde.

É hora de conversar com as crianças sobre o estabelecimento de prioridades. Mas não espere isso de um pré-escolar. Você já ensinou a dividir a tarefa em partes menores, agora o próximo passo será ensinar a selecionar a parte mais importante do trabalho, que será feita *primeiro*.

## Controle o fator tempo

Essa é uma das melhores dicas do mundo, bem como a melhor maneira de ajudar uma criança a ter noção de tempo para cumprir as tarefas: pegue um *timer* (como os de cozinha) e ajuste-o para certo tempo de trabalho de determinada prioridade – talvez uma hora para crianças de 12 anos ou mais, trinta minutos para as mais novas ou que apresentem dificuldade de concentração e dez minutos para as pequenas. Você decide o que for melhor para seu filho. Algumas crianças conseguirão se concentrar por apenas cinco ou dez minutos. Você vai achar que é pouquíssimo tempo, mas é melhor do que nada.

Há crianças de 8 anos que conseguem trabalhar uma hora seguida no mesmo projeto, ao passo que certos adultos só o conseguem por vinte minutos. Não é só a idade que conta, mas o grau de atenção e o nível de energia.

Se seu filho tem dificuldade de concentração, comece ajustando o *timer* para apenas dez minutos. Enquanto ele não dispara, algumas regras simples devem ser observadas:

1. Concentre-se no que for prioritário. Não faça duas coisas ao mesmo tempo.
2. Não faça intervalos. Como uma proteladora em recuperação, sei que somos capazes de levar dois meses para realizar uma tarefa que não tomaria mais que trinta minutos.

**DICAS PARA SEU FILHO**

- **Escolha uma tarefa que você vem adiando.**
- **Defina um prazo para si mesmo. Dedique-se à tarefa durante uma hora, por exemplo.**
- **Ignore todo o resto. Concentre-se numa única tarefa.**
- **Não permita interrupções.**
- **Dê uma recompensa a si mesmo quando a tarefa estiver concluída.**

A propósito, há *timers* dos mais variados tipos e formatos. Se preferir, providencie um apenas para seu filho e evite procurar o *timer* pela casa toda vez que for assar um bolo. A criança poderá escolher o dela como achar melhor.

E o que você faz quando o *timer* dispara e o tempo da criança se esgota? Chegou a hora da recompensa.

## A criança esquecida

Às vezes as crianças precisam de ajuda extra em termos de organização. Se, por exemplo, elas se esqueceram mesmo de fazer algumas coisas – levar o cachorro para passear, dar um telefonema, estudar para a prova, tomar banho ou levar algum material para a escola –, ajude-as a elaborar uma lista. Do que elas vão precisar para escrever a lista? Terão de pôr a lista num lugar onde não se perca? Você terá de ir à papelaria – com ou sem as crianças – em busca de algo para ajudálas, como uma prancheta, um caderno especial ou algo do gênero? As crianças vão precisar de sua ajuda nisso.

Com as crianças que ainda não sabem ler, use um quadro para prender imagens e colar adesivos – uma escova de dentes para lembrar que precisam escovar os dentes depois de comer, por exemplo.

Muitos adultos precisam de algo que os lembre das coisas a fazer. Se seu filho não faz a lição de casa, talvez o problema não seja exatamente *fazer* a lição, mas *lembrar-se* de fazê-la. Você pode pensar num jeito de ajudá-lo a se organizar.

Sente-se com ele, pergunte do que precisa e peça-lhe para dizer passo a passo o que fazer para conseguir. Faça perguntas e deixe que ele decida o que responder em vez de responder por ele. É mais provável que cumpra o que ele próprio decidiu. Pergunte, por exemplo:

- O professor escreve as tarefas no quadro-negro? Quando?

- Seu filho precisa de um lugar para anotar as tarefas?
- Em que momento da aula ele faz isso?
- Onde ele guarda os livros no final do dia? Na carteira? No armário? Na mochila?
- Como ele decide o que vai levar para casa?
- Quando e onde ele toma essa decisão?

Não tenha medo de trabalhar com seu filho. Se puder ajudá-lo a melhorar o aproveitamento, será bom para todos. Tenha fé na capacidade dele. E não esqueça: quando você ensina seus filhos a lidar com a sensação de aprender conceitos e técnicas que muitos adultos jamais aprenderam, dá a eles um presente que dinheiro nenhum pode comprar – esperança no futuro.

## TRABALHO DE EQUIPE

*Para discutir*

– Como dividir uma atividade em partes menores.
– Tomar atitudes em relação a alguma coisa faz com que a ansiedade desapareça.
– A sensação de estar sobrecarregado.
– Você faz listas? Se não faz, por quê? Fale de suas listas.

## O Próximo Passo

*Para fazer*

– Compre um *timer* bem bonito.
– Vá a uma papelaria e procure alguma coisa que ajude seu filho a se organizar.

- Em conjunto, escrevam uma lista das coisas que seu filho precisa para ajudá-lo a deixar de protelar. (Um cartaz para se lembrar? Um lugar para fazer as lições de casa? Um horário para fazer as tarefas?)
- Compre o que for preciso.

# 4

# "Se Eu Não Gosto, Não Deveria Ser Obrigado a Fazer"

A MAIORIA DAS PESSOAS – CRIANÇAS E ADULTOS – SABE como é terrível fazer o que não se gosta. Nós adiamos, sentimo-nos culpados por isso, mas não conseguimos nos forçar a fazer as tais tarefas. O primeiro passo é conversar com seu filho sobre as coisas que ele costuma deixar para depois. Escolha uma tarefa que ele deteste particularmente e veja se, juntos, conseguem descobrir por que é tão terrível. Quando você estiver levando seu filho de carro a algum lugar, esse é o melhor momento para conversar. Não precisa ser uma longa conversa formal, um sentado na frente do outro, olhos nos olhos. A comunicação dentro do carro é perfeita. Incentive seus filhos a encontrar respostas próprias nessas conversas de solução de problemas. Eles se sentirão mais motivados se eles mesmos apresentarem a solução. Ninguém duvida das próprias opiniões nem das próprias idéias.

Enquanto caminhava pelo parque com Elisabeth, de 6 anos, Shannon perguntou a ela por que sempre deixava as roupas espalhadas pelo quarto. Tinha quase certeza de que era porque Elisabeth vivia apressada e nunca tinha tempo de guardar suas coisas. Mas, na conversa com a filha, Shannon surpreendeu-se ao ouvir que Elisabeth estava desenvolvendo as mesmas tendências perfeccionistas que ela possuía. A menina explicou: “Não quero que minhas roupas fiquem penduradas naqueles cabides ruins. Não gosto deles. Quando guardo as roupas nas gavetas, elas ficam amassadas e tortas, e eu não gosto. E empilhar é ainda pior”.

Pela primeira vez, Shannon percebeu a frustração da filha e sua sólida decisão de que, se não pudesse deixar as roupas como estavam, “do jeito certo”, não faria diferente.

Quando as palavras pararam de jorrar da boca de Elisabeth, Shannon perguntou o que poderia ser feito para acabar com a bagunça do quarto. Depois de uma série de piadas e sugestões bobas (“então me dê o seu *closet,* mãe”), Elisabeth disse que sua amiga tinha uns cabides ótimos que não deixavam a roupa cair e queria alguns iguais. Disse também que precisava de mais gavetas porque as camisetas que usava sob as roupas *tinham* que ficar separadas do resto (de novo o perfeccionismo). E, por fim, ela precisava de um suporte para cintos em seu armário (quando tinha apenas um), bem como para os colares e as pulseiras.

Quando voltaram para casa, Shannon mostrou a Elisabeth um pequeno criado-mudo com duas gavetas que estava no porão. Elisabeth achou-o perfeito para guardar as camisetas, e no fim de semana mãe e filha pintaram o móvel para combinar com o resto do quarto. Elisabeth gostou muito e ficou feliz com os cabides “certos” que a mãe comprou para ela. Depois, como recompensa pelo excelente comportamento da filha (e porque era barato), Shannon comprou o suporte de cintos para a porta do armário.

Nos meses que se seguiram, Elisabeth apresentou uma incrível melhora e nunca mais deixou de guardar as roupas.

Paul e Monique usaram a mesma solução com o filho Tim, de 10 anos, para o problema da lição de casa. Os três se sentaram para conversar como se fossem uma equipe, pai e mãe ensinando Tim a criar uma lista do que precisava para fazer a lição de casa. A primeira coisa que Tim escreveu foi "um lugar". Paul perguntou: "O que você quer dizer com isso? Há uma ótima escrivaninha em seu quarto". Tim explicou que não era um bom lugar. Fazia frio, e ele não gostava de trabalhar lá dentro. Os pais sugeriram vários outros lugares para pôr a escrivaninha. Tim rejeitou todas as propostas. Ele não queria, de jeito nenhum, fazer as lições na escrivaninha.

Paul afirmou que a escrivaninha era o lugar certo para fazer as lições e ponto final. Em seguida saiu nervoso do quarto, deixando o filho com a mãe. Ela perguntou: "Onde você quer fazer sua lição de casa?"

"Na mesa da sala de jantar", ele respondeu.

A mãe disse que poderia ser, mas ele se distrairia com o som da televisão, as conversas da família na sala e com sua irmãzinha, que entrava e saía o tempo todo. Mas Tim insistiu, e a mãe concordou. Depois continuaram a fazer a lista – ele queria papel, lápis, caneta e um apontador de lápis. O pai disse do outro quarto: "Você vai passar toda a tarde andando pela casa até conseguir juntar tudo isso".

A solução que Tim encontrou foi deixar tudo na gaveta da escrivaninha e à noite, depois do jantar, pegaria o material, levaria para a mesa e começaria a trabalhar – e ninguém precisaria lembrá-lo. A mãe disse que, se ele cumprisse sua palavra durante um mês, poderia acampar uma noite no quintal, como tanto queria. Tim teve de ser lembrado muitas vezes, mas sempre acabava se sentando para fazer a lição sem discutir. Ao longo do ano, suas notas melhoraram, ele fez aquele acampamento e continua com as lições de casa na mesa de jantar. Até hoje ninguém sabe por que Tim não gosta de trabalhar em sua escrivaninha. Nem mesmo ele.

Você pode propor a seus filhos que, em troca do "trabalho" que fizerem juntos (identificar tarefas abomináveis e definir quais são as piores partes), terão sua ajuda nas próximas tarefas, fazendo um esforço conjunto na busca de soluções. Isso lhes dará ânimo para começar.

Em geral, a própria discussão do problema traz em si a solução. Embora seus filhos não demonstrem, eles percebem, sim, que você está tentando ajudá-los a encontrar a maneira melhor de cumprir com suas "terríveis" obrigações. É um novo jeito de mostrar que você se preocupa com eles.

## Vamos conversar

A caminho da escola, Sue comentou com a filha Jennifer, de 15 anos, que sempre adiava a tarefa de lavar as roupas da casa porque detestava fazer isso. Disse que percebera, depois de pensar muito, que o pior não era pôr as roupas para lavar, mas dobrá-las e separá-las para guardar. Sue perguntou à filha o que ela menos gostava de fazer e ouviu a resposta universal dos adolescentes: "Não sei".

Sue continuou falando: "Eu antes não sabia responder. Mas, quando parei para pensar, descobri do que não gostava e também por que não gostava".

A essa altura, Sue parou, esperando que Jennifer tivesse a curiosidade de perguntar por quê. Depois de muito, muito tempo, quando Sue decidiu voltar a falar, ouviu um longínquo e tímido "por quê?" e respondeu: "Porque é *chato,* e não há nada que eu possa fazer para evitar essa tarefa. Agora, quando vou dobrar as roupas, aproveito para dar aqueles telefonemas familiares para os quais nunca encontro tempo. Na próxima vez que você me vir dobrando roupas, pode perguntar quais são as novidades da família que eu saberei responder. No meu próximo aniversário vou pedir um desses telefones que se usam na cabeça. Vocês terão uma mãe muito moderna. E há mais: tenho um livro gravado em fita que há vários meses estou querendo ouvir. Vou aproveitar para fazer isso quando estiver dobrando as roupas e nunca mais perderei tempo me aborrecendo".

A essa altura, já na porta da escola, Sue disse gentilmente: "Não vou deixar você sair do carro até me dizer qual é a tarefa que mais odeia fazer". Jennifer respondeu que era lavar louça. Quando ela saiu do carro, Sue disse pela janela: "Vamos conversar mais sobre isso. Você vai analisar melhor e quando descobrir por que detesta tanto lavar louça ficará mais fácil". E Jennifer respondeu: "Tenho uma solução melhor, mãe. Lave você".

Elas poderiam ter conversado muito mais, mas Sue estava com pressa. Pelo menos tocara no assunto com a filha – e até brincaram a respeito dele.

É mais fácil conversar com os filhos pequenos. Quando eles são adolescentes, o melhor lugar é dentro do carro, principalmente quando já se estiver próximo do destino.

Outras sugestões para gerar uma discussão sobre tarefas e atividades domésticas que seus filhos detestam:

- Aborde o assunto quando eles estiverem sofrendo as conseqüências de ter adiado alguma coisa (como punição por não fazer uma tarefa, tirar nota baixa por não estudar ou nao terminar a lição).
- Assim que eles acabarem de anunciar que detestam, detestam mesmo, fazer alguma coisa, pergunte que

parte mais detestam e por quê (mas espere até se acalmarem).

- Se seu filho, um amigo dele ou a turma estiverem sentados em redor da mesa comendo ou dentro do carro, pergunte à criança mais tagarela: "O que você mais detesta fazer?" Se um deles começar a conversar, os outros (seu filho inclusive) vão se animar.
- Aproveite uma dessas raras e maravilhosas oportunidades em que a conversa está fluindo. Fique atento a ela.

## O ÂMAGO DO PROBLEMA

Digamos que sua filha gosta de Matemática, mas está sempre adiando as lições de casa. Não conclua imediatamente que a Matemática seja o problema. Olhe, observe, faça algumas perguntas objetivas. Algumas vezes você se sentirá um detetive – procurando pistas, tentando desvendar um enigma. Em geral, os pais tentam resolver as coisas sem saber qual é o problema *verdadeiro*.

Talvez a pior parte não seja fazer a tarefa, quem sabe a criança precise apenas mudar de lugar ou mudar a hora de fazê-la. Se seus filhos fazem a lição de casa na frente da TV, mas não se atrasam e tudo fica bem-feito, não há problema nenhum. Mas, se a tarefa ficar sempre atrasada e malfeita, algo está errado: eles precisam de um lugar melhor para trabalhar.

Providenciar uma mesa ou uma luminária nem sempre é a solução. Algumas crianças precisam de silêncio e privacidade para fazer um bom trabalho, outras se sentem isoladas. E você está procurando uma maneira de tornar essa tarefa menos sofrida. Algumas crianças trabalham melhor onde se sentem "conectadas" com a família, talvez na mesa da cozinha ou da sala de jantar, onde possam ouvir e ver o resto da turma (essa foi a solução encontrada por Tim). Seu filho pode ser do tipo que precisa de barulho e de música alta para se concentrar. Pergunte o que ele acha que o ajudaria a trabalhar com mais eficiência. Aceite todo tipo de resposta, divirta-se com elas, e juntos tentem saber o que funciona e o que não funciona.

Uma professora conta a história de uma família com cinco filhos em que quatro deles ficavam até mais tarde fazendo as lições de casa, mas o quinto preferia levantar de madrugada para trabalhar e estudar para as provas. Todos eles tinham permissão para fazer como preferissem desde que o trabalho ficasse bem-feito (a família definia "bem-feito" como um B ou um A) e terminasse dentro do prazo.

Do mesmo modo, as crianças têm suas preferências no que diz respeito às tarefas domésticas. Se elas trabalham de forma e em horários diferentes dos seus, mas o resultado final é de boa qualidade, deixe que façam à maneira delas, por mais excêntrica que pareça.

Para não ficar nervosa, Joana sai da cozinha para não ver o filho de 9 anos tirar a mesa do jantar e pôr a louça na máquina de lavar pratos. "Eu não consigo ficar", ela explica. "Temo que ele quebre todos os pratos e copos. Mas nunca quebrou nenhum. Parece que ele está num jogo de basquete e, controladora como sou, me transformo numa cesta quando estou por perto." O menino protelava para tirar a mesa e pôr a louça na máquina de lavar quando ela insistia e criticava seu modo de fazer isso. Agora que o deixa fazer como quer, ele é mais responsável, e Joana fica menos ansiosa por saber que o resultado final será tão bom quanto o de um adulto mesmo que não seja exatamente da forma como ela faria.

Os pais notam que seus filhos trabalham melhor quando podem fazê-lo à própria maneira. Talvez se achem mais poderosos por fazer diferente de seus pais ou mais independentes, pois sentem prazer no desafio. Seja qual for a razão, se dá resultado e não aborrece ninguém, afrouxe a corda e se dê por feliz por cumprirem com suas obrigações.

## Afaste o sofrimento das tarefas desagradáveis

Depois de ajudar seu filho a determinar do que ele menos gosta nas tarefas que sempre protela, é hora de usar uma solução criativa para descobrir como tornar essa parte da tarefa menos desagradável.

Se ele tem dificuldade de manter o quarto em ordem, talvez esteja precisando de alguma coisa. Um cesto de lixo maior, a própria cesta de roupa suja, um lugar para guardar os bichos de pelúcia, mais espaço para as roupas nas gavetas ou para guardar os livros nas prateleiras. Ninguém se esquece de fazer o que gosta, mas nos esquecemos facilmente do que não gostamos. Será que seu filho não estará precisando de um lembrete? Que tal um caderno só para anotar as tarefas ou um calendário para marcar os compromissos?

Uma mãe pregou um cartaz no quarto de cada filho contendo o que deviam fazer antes de sair para a escola – vestir-se, escovar os dentes, pentear os cabelos, tomar café, pôr a louça na lavadora, embrulhar o lanche, deixar os livros, a lancheira e a mochila perto da porta, arrumar a cama, separar o casaco, o guarda-chuva ou o que mais fossem usar antes de sair de casa. Alguns pais preferem um cartaz com as tarefas a ser feitas antes de as crianças se deitarem. Usam imagens, desenhadas ou recortadas de revistas, se os filhos ainda não souberem ler.

Se seus filhos nunca conseguem encontrar os sapatos, os livros ou a mochila, destine um espaço próximo da porta para as crianças deixarem suas coisas quando chegarem da escola – talvez caixotes ou cestas de cores diferentes. Se as crianças gostarem do lugar que lhes foi designado, guardarão suas coisas sem que você precise lembrá-las constantemente. *Você* sabe o lugar certo das coisas, mas e elas? Sim, você já disse uma vez, mas não é todo mundo que entende logo na primeira vez.

Atenção: ao estabelecer bons hábitos e rotinas, você notará que algumas vezes os fins de semana se tornam períodos subversivos da ordem e da disciplina, e tudo fica de pernas para o ar. A melhor solução: transforme a segunda-feira no dia de restabelecimento e reforço de todas as tarefas.

## Faça de tudo um jogo

Quando não conseguir eliminar o tédio das tarefas, tente transformá-las numa brincadeira.

- Desafie seu filho: "Aposto que você não consegue fazer isso em apenas vinte minutos!"
- Incentive nele o autodesafio: "Você consegue terminar a tarefa mais depressa que da última vez?"
- Ensine-o a calcular o tempo: "Você está nessa lição há três horas. Quanto tempo acha que vai demorar ainda? Vamos contar?"
- Estimule as tarefas conjuntas: "Vamos todos arrumar a casa em meia hora. Se conseguirmos, levarei vocês à piscina e nadaremos juntos".
- Se seus filhos forem pequenos, cante com eles enquanto executam suas tarefas.

A seguir, alguns exemplos criativos para transformar o trabalho numa brincadeira gostosa.

Numa tarde de sábado, Sheila Glazov, palestrante profissional e escritora, recebeu um telefonema perturbador de seu neto de 10 anos.

> "Vovó, me ajude", ele pediu, em prantos.
>
> "Matthew, o que aconteceu?", perguntei, preocupada.
>
> "É minha mãe e meu pai", ele respondeu.

"Eles estão bem?", perguntei com grande apreensão.

"Estão, mas você precisa me ajudar porque eles só ouvem você e estão sendo muito maus comigo", ele chorava.

Foi um alívio saber que minha família estava bem. Matthew disse que minha filha e meu genro o obrigavam a tirar o mato do jardim. Ele fizera isso por toda a semana depois da escola e agora, numa tarde de sábado, queria brincar com seus amigos.

Tive de me segurar para não rir quando ele disse que seus pais sempre me davam ouvidos. Sugeri que contasse quantos matinhos conseguiria arrancar e em quanto tempo. Era uma brincadeira e ele acabaria se divertindo. Ele gostou da idéia. Pedi que me ligasse quando terminasse para me contar como se saíra. Meia hora depois ele ligou e disse: "Vovó, já terminei! Arranquei 150 matos em trinta minutos". "Matthew, você é um campeão! Estou orgulhosa de você." Nós dois demos muita risada, e eu disse que na próxima vez que fosse visitá-lo nós faríamos um concurso para ver quem conseguiria arrancar mais mato!

Invente com seus filhos maneiras de tornar as tarefas mais divertidas ou ensine-os a negociar sugerindo que troquem a tarefa odiada por outra menos detestável. Se eles conseguirem convencer o irmão ou a irmã a trocar, poderão fazer a tarefa que preferem.

Diane, que já é avó, inventou uma brincadeira para que seus filhos pequenos não só aceitassem as tarefas domésticas como as fizessem na hora certa. "Meus filhos gostavam de brincar de 'ajudar a mamãe' quando eram pequenos", ela conta.

> Mas, quando os dois mais velhos estavam com 8 e 10 anos, descobri que as coisas haviam mudado. Eles cooperavam menos, e eu comecei a me zangar: "Brynn, você ainda não arrumou sua cama" ou "Tom, estou vendo que você não limpou seu quarto". Nas férias de verão resolvi parar de brigar e fazer listas de tarefas de cada um pela manhã.
>
> As listas funcionaram perfeitamente e as tarefas foram cumpridas – mais ou menos. De que serve arrumar a cama às sete horas da noite? A lista não estabelecia limite de tempo, e eu me vi novamente no papel da bruxa mandona: "Vocês *ainda* não recolheram o lixo?"
>
> Um pequeno ajuste no sistema e tudo se resolveu. Às seis horas da manhã seguinte eu tinha duas listas pregadas na porta da geladeira, a lista A e a lista B. Cada uma trazia tarefas específicas, como "faça sua cama e arrume seu quarto", e outras mais genéricas. Só a lista A tinha "recolher as toalhas e pendurá-las no lugar" ou "aspirar o tapete da sala", por exemplo. Algumas tarefas agradavam mais a Tom, outras eram menos rejeitadas por Brynn. O resultado foi que cada um queria ser o primeiro a chegar diante da geladeira pela manhã para ficar com a "melhor" lista. E eles tinham de começar cedo para cumprir todas as tarefas.
>
> Para mim também funcionou. Obtive alguma ajuda, não precisei mais ser "escrava do lar" e Tom e

Brynn não só ganharam algum controle sobre seu tempo como desenvolveram uma ética de trabalho.

Não podemos mudar nem eliminar o aborrecimento causado por uma tarefa doméstica, mas podemos transformá-la num momento chato ou divertido.

## Com a ajudazinha de um amigo

Enquanto você tenta ajudar seus filhos a tornar as tarefas domésticas menos aborrecidas, lembre-se de como é bom quando alguém se oferece para ajudá-la a fazer alguma coisa – no trabalho ou em casa. Dê esse presente a seus filhos.

Isso é diferente de ceder a uma criança chorona, manhosa, que se atira no chão e esperneia até que alguém se ofereça para ajudá-la ou levá-la para passear. O nome disso é manipulação.

As crianças precisam saber que você pode ajudá-las, mas à sua maneira. Diga a elas: "Olhem, se eu notar um esforço sincero de sua parte, será bem provável que depois de dez minutos de trabalho eu ajude vocês a terminar o que estão fazendo". Elas precisam ouvir várias vezes que uma boa atitude será recompensada, mas a atitude ruim não será.

Em qualquer idade, você pode ajudar as crianças a arrumar o quarto, os armários e as gavetas. Assim lhes ensinará como fazer isso. Muitos pais presumem que seus filhos já sabem fazer as coisas porque mostraram a eles uma ou duas vezes. Mas as crianças podem não ter assimilado todas as instruções e fazer tudo atabalhoadamente.

Talvez comecem arrumando a cama, depois parem para pendurar as roupas, mas antes de terminar passam a amassar papéis e jogá-los na cesta de lixo até que transborde e tenha que ser esvaziada. Passa-se uma hora, e elas nem estão perto de terminar. Se você não tem um plano funcional para completar um trabalho doméstico, as tarefas mal-acabadas transformarão tudo numa atividade enfadonha. Explique muito bem como fazer uma tarefa doméstica mesmo que os detalhes sejam muito aborrecidos. Por exemplo:

*Como arrumar o quarto:*

1. Roupas: pendure ou guarde as que estiverem limpas; ponha as sujas no cesto ou no saco da lavanderia.
2. Papéis ou qualquer outra coisa que não tenha serventia: ponha no cesto ou na lata de lixo.
3. Livros, papéis importantes, brinquedos e o que precisar ser guardado: separe uma categoria da outra (ponha os papéis numa gaveta, os livros na estante e o resto em seu devido lugar).
4. Tudo o que estiver pelo chão, sobre a cama ou em cima da mesa e não deveria estar: guarde nos respectivos lugares. Se for de outro quarto, leve imediatamente.

*Se seu filho já tiver idade suficiente:*

5. Arrume a cama.
6. Esvazie o cesto de lixo.
7. Tire o pó.
8. Varra ou passe aspirador.

Às vezes as crianças protelam uma tarefa só porque não sabem fazê-la como julgamos que saibam. Elas nunca aprenderam a arrumar a cama, pôr a mesa, encher a máquina de lavar louça, trabalhar no quintal – seja o que for. Assim, mesmo que já façam essa tarefa há muito tempo, estar com elas vai ajudar você a observar se precisam de algumas dicas ou instruções. Talvez saibam como fazer, mas você pode mostrar como ser mais rápido, fazer melhor ou de modo mais fácil. Ajuste o *timer* para ver se você e seu filho, juntos, podem fazer a mesma tarefa em menos tempo que das vezes anteriores.

Um conselho: muitos pais se decepcionam quando, depois de trabalhar com seus filhos, ajudá-los a dominar as tarefas e fazer um ótimo trabalho, esses mesmos filhos se tornam adolescentes e tudo vai por água abaixo. Todos sabem que os adolescentes são ausentes, esquecidos e desajeitados, e muitas vezes parece que o cérebro deles está "desligado". Passe mais tempo trabalhando com seu filho adolescente em alguma tarefa doméstica. No caso deles, parece haver uma freqüente regressão...

Além de ser um treinamento, trabalhar com uma criança pode tornar-se uma forma divertida de conversar e se comunicar. É uma oportunidade de apreender o que está acontecendo no mundo dela – além disso, a criança recebe sua atenção integral.

Perder dez minutos "brincando de pegar" para ajudar uma criança de 3 anos de idade a arrumar o quarto, ensiná-la a guardar os livros e os brinquedos no lugar certo e a pendurar e guardar as roupas limpas e pôr as roupas sujas no cesto funciona muito mais e é muito mais agradável do que passar a manhã gritando e brigando com ela.

Algumas famílias já transformaram em tradição, nos feriados escolares ou durante as férias, o hábito de um dos pais ou um parente passar uma tarde com a criança arrumando armários e gavetas. Além de uma oportunidade de aproximação, é sempre bom ter alguém que nos anime "a nos livrar do nosso lixo".

Um conselho: certas crianças são muito apegadas a suas coisas. Você encontrará algumas idéias, no capítulo 8, para acabar com a bagunça, e elas podem ajudar. Além disso, não é raro que uma criança que sempre abriu mão das coisas de repente, ao chegar à adolescência, não queira desfazer-se de nada (principalmente se estiver no último ano escolar). Isso é normal, não dê importância. Espere algum tempo e "retome" o projeto um ano depois. (Para outras idéias sobre como ajudar as crianças a organizar e acabar com a bagunça do quarto, veja o capítulo 8.) Outra possibilidade é combinar com a criança que você vai ajudá-la numa tarefa *se* depois ela ajudar você a fazer alguma coisa.

Outra maneira de tornar as tarefas domésticas menos aborrecidas é deixar duas crianças trabalharem juntas na mesma coisa (algumas conseguem, outras não), tocar a música preferida da criança enquanto ela trabalha ou convidar um amigo dela para lhe fazer companhia se a presença desse amigo não a distrair demais.

Talvez nenhuma dessas idéias funcione para você, mas servem como sugestões. Adote uma solução criativa para ajudar a tornar menos aborrecidos os trabalhos que seus filhos sempre adiam porque detestam fazê-los.

Se as crianças não gostam de fazer alguma coisa, têm a capacidade de passar esse desprazer a todos os que estiverem em redor. Muitos pais preferem desistir e fazer eles mesmos certas tarefas a suportar tanta reclamação. A mãe de duas meninas pequenas disse: "Sou sempre tentada a terminar eu mesma as tarefas, seria mais rápido e menos desgastante. Mas quando me controlo e resolvo esperar, depois de passar alguns minutos ouvindo todo tipo de queixa e reclamação, elas se calam e fazem o que têm de fazer".

Se completarmos os trabalhos por nossos filhos, eles não só descobrirão que se reclamarem nós os faremos por eles como receberão a mensagem de que são incapazes e incompetentes. Além disso, algumas crianças parecem sentir prazer em provocar os pais deixando as coisas para depois. Entretanto, quando incentivadas a completar as tarefas, com ou sem ajuda, revelam sentimentos de autoconfiança e orgulho.

## Sentimentos, nada mais que sentimentos

Às vezes, quando você começa a conversar com as crianças sobre as tarefas que adiam porque odeiam fazê-las, elas enfatizam o aborrecimento que sentem. "É difícil", "é chato", reclamam, e você concorda que é mesmo. Esvaziar a lata de lixo sempre será uma tarefa malcheirosa e desagradável, por mais que se tente torná-la atraente.

Seu filho precisa concentrar-se no trabalho ou no projeto já *concluído,* e não na maneira como se sente enquanto o faz. É importante mostrar às crianças que todo mundo sempre terá um trabalho difícil, desagradável ou repulsivo para fazer, essa é uma realidade. Quando as crianças se sentem forçadas ou sobrecarregadas pelas desagradáveis tarefas da vida, acreditam que todo mundo vive feliz, só elas foram vítimas de um "destino cruel". E passam horas, dias e até semanas lamentando passar por coisas tão desagradáveis, convencendo-se de que só aos outros cabem tarefas divertidas, gostosas e agradáveis.

Diga a seus filhos que tudo nesta vida tem um lado bom e um lado ruim – em todas as profissões, todas as pessoas têm de fazer coisas que detestam. Descubra com eles o lado ruim de coisas que à primeira vista parecem maravilhosas – festas familiares, carreiras bem-sucedidas, a compra da casa, uma viagem (quem não conhece o desprazer que é perder a bagagem?).

A segunda metade dessa "adequação de atitude" é: explique que, quanto mais cedo eles aceitarem o fato de que na vida sempre existirão tarefas desagradáveis, menos frustrados se sentirão, assim é melhor parar de reclamar porque isso só servirá para aborrecer todo mundo.

## Faça primeiro o que for pior

Todo mundo já ouviu isto na vida: faça antes a pior parte e livre-se logo dela. Minha avó costumava dizer: "Faça e sinta-se satisfeito". Será que nossos filhos já ouviram isso? Numa época de gratificação instantânea e busca da saída mais fácil, nossos filhos talvez nunca tenham ouvido – nem aprendido – essa premissa.

**DICAS PARA SEU FILHO**

- **Como tornar mais agradável uma tarefa que você odeia?**
- **Concentre-se no modo como se sentirá depois, e não no que sente enquanto a realiza.**
- **Escolha uma bela recompensa para si mesmo.**
- **Não queira fugir das tarefas desagradáveis da vida. Todo mundo tem de enfrentá-las de vez em quando.**
- **E diga em voz alta: "Fiz primeiro o que não gostava. Agora estou livre!"**

Depende de você fazer com que seus filhos conheçam e adotem esse princípio. Você sabe bem o que é adiar uma coisa desagradável, deixá-la pendente o dia inteiro, essa preocupação drenando toda a sua energia. Ajude seus filhos a sentir o alívio e a liberdade proporcionados pela realização de uma tarefa desagradável, o que ameniza o resto do dia.

Ensine-os a celebrar e a orgulhar-se de si mesmos por ter terminado algo que vinham adiando (ou por não ser mais proteladores). Lembra-se de como *você* se sentiu bem quando finalmente deixou de adiar?

## TRABALHO DE EQUIPE

*Para discutir*

- Qual é a tarefa que a criança mais detesta? Qual é a pior parte dessa tarefa?
- Ela precisa de ferramentas ou de outra coisa para que a tarefa se torne menos desagradável?
- Concentre-se no que você sente quando termina a tarefa, e não no que sente enquanto a faz.
- Todo mundo enfrenta tarefas desagradáveis.
- Comece pela pior parte.

## O PRÓXIMO PASSO

*Para fazer*

- Fique atento ao problema real.
- Junto com seu filho, faça uma lista das maneiras de tornar o trabalho mais agradável.

- Ajude-o a dividir as tarefas de que não gosta em etapas e numere essas etapas.
- Compre uma cesta de lixo, um cesto de roupa suja ou outra coisa de que a criança precise para deixar seu quarto em ordem.

# 5

# Desculpas Esfarrapadas

AS CRIANÇAS QUASE SEMPRE ACREDITAM QUE MUITOS aspectos de sua vida estão além de seu controle, principalmente o hábito de protelar. Quando não conseguem fazer alguma coisa, sentem-se tão pressionadas que seu único recurso é inventar desculpas. Esse é o único comportamento capaz de explicar ao mundo por que agem assim. Com muita freqüência, elas próprias não têm idéia do motivo pelo qual protelam. Então inventam uma desculpa para explicar esse comportamento.

"Minha lição de casa? O quê? Eu fiz na sala de estudos... Pensei que tivesse trazido, deixe ver... Onde foi parar? Onde foi parar? Sabe, eu ainda não entreguei... A professora não estava na classe, ela se sentiu mal... Sim, foi isso. Agora me lembro. Ela se sentiu mal!"

As desculpas frustram principalmente os pais, os professores e os adultos que cuidam das crianças porque é difícil reagir positivamente às histórias inventadas para encobrir o hábito de protelar. Às vezes as crianças podem estar mentindo, mas não se esqueça de que muitas não têm uma clara noção do que é ou não real. Assim, quando dão uma desculpa para se justificar por não ter terminado uma tarefa, acabam acreditando nela. (O fenômeno também acontece com alguns adultos.) Muitas crianças simplesmente não entendem a relação entre causa e efeito. Elas não percebem que quando adiam alguma coisa (há três semanas não dão comida para os peixes) algo acontece (os peixes morrem). Elas só sabem que estão encrencadas e isso tem a ver com os peixes mortos.

A protelação traz em si muita vergonha. Pessoas de todas as idades sentem-se constrangidas em admitir que o hábito de protelar é a verdadeira causa de seus problemas. Preferem pôr a culpa em alguém ou, se não for possível, inventam uma história para explicar por que não fizeram o que deveriam ter feito.

Quando você conversar com a criança sobre desculpas, não fale em realidade, verdade, inverdade, nada disso. Faça-a entender a diferença entre uma falsa desculpa e um motivo real. Quando desconfiamos de que o outro não vai concordar conosco nem aprovar nossas explicações, é comum procurarmos o motivo mais lógico para tentar convencê-lo em vez de dar o motivo real.

Você já se viu diante de um vendedor de quem não quer comprar um produto porque acha o serviço péssimo? Você *sabe* que, se disser isso a ele, terá de ouvir uma explicação interminável, então prefere dar a desculpa mais óbvia: "Não tenho dinheiro".

Ajude seus filhos a reconhecer as falsas desculpas. Aponte-as onde elas estiverem – na TV, nos outros e até em si mesmo. Dê exemplos de pessoas que assumiram a própria protelação ou que "mataram" tarefas. Quando as crianças começarem a perceber a diferença entre assumir a responsabilidade pelo próprio comportamento e dar desculpas que não convencem, ajude-as a buscar soluções, pois talvez haja algo de verdadeiro em suas desculpas.

- "Eu não tive tempo." Ensine o que é prioridade – fazer as coisas mais importantes ou mais desagradáveis primeiro. É possível que as crianças estivessem mesmo sobrecarregadas e não tivessem tempo de terminar o que deveriam fazer. Nesse caso, pergunte por que elas não tiveram tempo e ajude-as a organizar seus horários.
- "Eu esqueci." Crie um sistema de lembretes – uma lista, um calendário, uma agenda eletrônica ou um cartaz. Se as crianças não aceitarem o sistema, talvez seja porque confiam mais na própria memória. Deixe que tentem. Se elas se lembrarem do que devem fazer, ótimo, não há nenhum problema. Mas, se esquecerem, insista para adotarem o sistema.
- "Não sei como fazer isso." Ensine você mesmo a seus filhos ou contrate um professor particular. É possível que logo descubra se as crianças não sabem mesmo fazer a lição ou se só estão dando uma desculpa.
- "Ainda sou pequeno." Quem tem idade suficiente para fazer bagunça também tem para pôr tudo em ordem. Toda criança de 2 ou 3 anos já pode aprender a arrumar o que desarruma e a "limpar o leite derramado" mesmo que ainda necessite de ajuda. Envolver as crianças numa tarefa incentiva a auto estima positiva.
- "Eu não sabia que era para fazer." Não importa a idade que tenham, as crianças podem precisar de um cartaz ou outro tipo de lembrete pregado em algum lugar da casa.

- "O computador engoliu minha lição de casa." Se você lida com computador, sabe como é terrível perder todo o seu trabalho (e como se sente impotente diante disso). Vai ter de fazer tudo outra vez. Mas aprendeu uma lição: não deixe de fazer *back-up* do trabalho e, se notar problemas, não espere até o último minuto para gravá-lo. Seus filhos aprenderão logo isso desde que você não saia correndo para socorrê-los nem refaça o trabalho para eles. Se fizer isso, eles jamais aprenderão, e a lição de casa acabará sendo um trabalho *seu*.

Seja qual for a desculpa, ajude seus filhos a encontrar uma solução.

## O "SIM, MAS ANTES..."

"Sim, mas antes..." é uma variação esperta da desculpa. Aparece quando lembramos nossos filhos de que é hora de se aprontar para a escola: "Sim, mas antes vou terminar este livro". Surge também quando dizemos: "Esse cachorro está esperando há meia hora para sair" e ouvimos: "Sim, mas antes vou terminar a tarefa da escola".

As crianças adiam certas coisas porque querem fazer outras antes, e a desculpa tem como objetivo convencer você de que aquelas são mais importantes. Em vez de "não posso fazer tal coisa porque...", elas dizem "sim, mas isto é muito mais importante, percebe?".

As crianças transformarão isso em um jogo de poder e insistirão em dar grande importância às coisas mais insignificantes – criar confusão por causa de uma camiseta, assistir a um desenho que já viram centenas de vezes, revirar todo o quarto atrás de um ursinho perdido que ninguém vê há anos. Elas *precisam* concluir uma tarefa importantíssima mesmo que jamais a tenham feito na vida.

## Um jogo irracional

Protelar é um jogo irracional. Quase sempre as desculpas (inclusive "sim, mas antes...") são jogos de poder e rebeldia da criança: "Vou mostrar a você quem manda aqui, quem controla as coisas por aqui".

A queixa de Peggy quando seu filho está jogando videogame é: "Eu lhe digo para fazer alguma coisa ou o chamo para comer. Ele continua jogando e diz: 'Já vou, estou quase acabando'. Passam-se dez minutos, eu volto a chamar, e ele diz: 'Agora não, estou no meio da batalha'. Então dou um ultimato, ele protela outra vez, às vezes chega a mudar de jogo pensando que não estou prestando atenção. Eu fico nervosa, *ele* também, faz manha, reclama, atira o *joystick* longe e então é castigado".

É hora de Peggy encontrar o "ponto fraco" do filho (veja capítulo 2), que pode ser a perda de um privilégio importante. Ficar de castigo não é porque seu comportamento não mudou. Talvez o jogo seja mais importante para ele. Então, na próxima vez que protelar, Peggy não o porá de castigo, mas, com toda a calma, vai simplesmente tirar o *joystick* das mãos dele. Melhor ainda, se o menino ousar atirar o *joystick* longe, ela vai recolhê-lo e guardá-lo em algum lugar pelo tempo que determinar.

A casa de Peggy está necessitando de novas regras, algo como: "Se você usar o jogo como motivo para adiar alguma coisa que deve fazer, não jogará nas próximas duas semanas".

Agora Peggy fala do outro filho: "Meu filho de 11 anos tem lição de casa para fazer. Isso já aconteceu outras vezes. Eu pergunto se ele tem, e diz que não. Por experiência, vou checar a mochila dele e pergunto para que são aqueles livros. E ele diz: 'Ah, eu tinha esquecido! É só um pouquinho de lição, posso fazer depois do jantar?' Como é pouca lição, eu digo que sim. Então, quando chega a hora de começar, fico sabendo que ele tem um trabalho, o resumo de um livro e três biografias para *amanhã!* Ele começa a choramingar, quer comer, quer beber, chora, reclama de ter muita coisa para fazer. Quando finalmente eu o obrigo a fazer a lição, ele termina em quinze minutos! Duas horas de sofrimento por quinze minutos de trabalho".

Essa casa talvez esteja precisando de novas regras de "horário de estudo", quando ele não fará outra coisa antes da lição. (Leia mais sobre isso neste mesmo capítulo.) Se ele continuar choramingando e reclamando, o horário de estudo deverá ser prolongado.

Antes que a nova regra seja aplicada, talvez ele precise de ajuda para se organizar. Peggy poderia incentivá-lo a fazer uma lista de todas as tarefas e do que vai precisar, bem como outra lista dos passos necessários para concluir a lição de casa. Talvez deva até estabelecer um limite de tempo para esse "período preparatório": "Ajuste o *timer* para começar em cinco minutos. Quando tocar, você se concentra nos estudos". Esse tipo de providência ajuda crianças dispersivas a se concentrar em uma coisa por vez: "Primeiro, separe o que você vai precisar, depois comece a trabalhar. E vá seguindo na lista o que deve fazer".

A seguir, duas listas feitas por outro garoto de 11 anos que, obviamente, gostava de provocar a mãe.

*Lista 1. Preparação*

1. Pegar livros e cadernos.
2. Pegar canetas e lápis.
3. Ver se os lápis estão apontados.
4. Ligar para Tim para conferir se a tarefa é mesmo essa.
5. Conversar rápido porque só tenho 5 minutos para começar.
6. Pegar um copo de suco de laranja.
7. Programar o *timer* para saber quando o tempo de estudo começa.
8. Ir ao banheiro porque minha mãe cruel não vai me deixar sair da mesa depois de começar.
9. Verificar nos bolsos do casaco e na mochila se não há nenhuma anotação sobre a tarefa.

*Lista 2. Fazer a lição de casa*

1. Limpar a mesa.
2. Ler todas as tarefas.
3. Escolher a primeira para fazer.
4. Reler essa tarefa.
5. Pegar livro, papel ou o caderno de que preciso.
6. Começar a tarefa e ir até o fim.
7. Fazer um intervalo. Minha mãe cruel permite que eu me levante para esticar as pernas e pegar um suco de laranja depois de terminar a primeira lição.
8. Fazer tudo outra vez com a próxima tarefa.
9. Dizer à minha mãe cruel que terminei
10. Cair duro de cansaço.

A criança que fez essas duas listas pregou-as sobre a escrivaninha e as consulta com freqüência. Elas ajudaram muito a melhorar sua atenção e concentração. E também acabaram com as brigas, as reclamações e, principalmente, a protelação.

## Não entre no jogo deles

Quando uma criança decide irritar os pais, e estes entram no jogo, o resultado é que ambas as partes saem perdendo nessa "guerra entre dois mundos". Você precisa parar de gritar e frustrar-se tanto a ponto de perder a paciência, enquanto a criança entra numa espécie de acesso de raiva. É sempre melhor evitar brigas e, no momento apropriado, mostrar a

seu filho como voltar atrás sem perder a elegância: "Sim, sei que é apenas a oitava vez que você vê isso; vou lhe dar mais cinco minutos, depois espero que nos dê o prazer de sua presença à mesa do jantar".

Outras vezes, você pode brincar: "Entendo que você tenha de terminar sua importante tarefa de refazer o laço dos cordões do tênis, pois todos sabemos as catástrofes que podem ocorrer quando os laços estão desiguais. Então, quando vamos poder marcar uma hora para você retirar o lixo?" Seja como for que você preferir, comprometa-o com um tempo definido: "Quando é que você vai começar a lavar a louça? Em cinco minutos? Dez? Só quero saber em quanto tempo".

Para uma criança pequena que ainda não sabe calcular o tempo, use um *timer*. "Quando tocar, você vai sair e recolher os brinquedos do quintal, está bem?" As crianças maiores podem olhar o relógio ou calcular o tempo pelo programa a que estão assistindo: "Quando o programa terminar, você vai escrever um cartão de agradecimento para sua avó".

Esse jogo confere uma sensação de poder. Se seu filho costuma dar falsas desculpas o tempo todo, o problema não é protelar, mas apenas o sintoma de um desafio, de uma rebeldia, de alguma dificuldade de seu relacionamento com ele ou de alguma coisa que ele não está conseguindo resolver. Nesse caso, nem este livro nem as brigas vão poder ajudar. Talvez você deva consultar um profissional para saber como lidar com seu filho nessa fase da vida dele.

Às vezes dá certo exagerar em determinada situação e pedir que a criança estabeleça um prazo: "Sei que é extremamente importante para todos nós que você organize cada um dos seus oito milhões de dinossauros em fila única, perfeitamente alinhados sobre sua cômoda, mas aqueles pobres gatos precisam ser alimentados. Pode me dizer quando vai preparar um jantar delicioso para eles?" Isso lhe dará a chance de tentar uma nova abordagem para saber qual é o problema. Alguma coisa deve estar perturbando a criança se ela sempre cria atrito com você.

Outro método muito usado pelos pais é distrair as crianças que estão a ponto de explodir. Quando elas resolvem bater o pé e começar uma disputa, os pais mudam de assunto. Um deles começa a "dançar tango" com a filha de 2 anos e volta a conversar sobre o que é preciso fazer num momento mais tranqüilo. Alguns pais talvez pensem que essa atitude só serve para mimar a criança, permitindo que ela faça como quiser. Quero lembrar que a meta é ajudá-la a parar de protelar. Quando surgem situações de protelação, não se deixe enganar pela criança que prefere brigar com você a fazer o que vem adiando. Pare um momento e pergunte a si mesmo se essas situações em particular não se relacionam a algum conflito, provavelmente prejudicando seu entendimento com ela. Se distrair uma criança vai evitar uma briga ou um acesso de raiva, que mal há nisso? Como já dissemos, escolha a batalha que você quer lutar.

## Um "período dedicado ao estudo"

Brigas e discussões podem ser evitadas com o que alguns pais chamam de "período dedicado ao estudo". Trata-se de um espaço de tempo inegociável e diário em que a criança não faz outra coisa senão as lições de casa.

Todd apresentava um problema moderado de déficit de atenção por hiperatividade, tendo tremenda dificuldade de se concentrar e concluir as coisas, além de ser desorganizado. A mãe dele conta como resolveu a questão:

"Nós estabelecemos um prazo para Todd fazer sua lição de casa (das 16 horas às 16h45). Ele tem de ocupar todo esse tempo com a tarefa em vez de fazê-la correndo e terminar em vinte minutos. Se a concluir antes do prazo, lê um livro ou revê o que foi feito durante o tempo restante".

A princípio, Todd resistiu, mas a mãe não cedeu. *Nada* era permitido até que os 45 minutos dedicados à lição de casa expirassem – nada de TV, de computador, de amigos, de brincadeiras, nem mesmo parar para jantar. A família se sentava para comer, e Todd não podia descer até que os 45 minutos se esgotassem.

No começo, foi preciso muito policiamento e muita paciência por parte dos pais, mas já na primeira semana Todd percebeu que eles falavam sério. Quando viu que era "para valer", acabou aceitando a nova regra familiar. Sua recompensa favorita era de vez em quando ser "libertado" (palavra que ele usou) dos 45 minutos obrigatórios de estudo.

Uma professora de Espanhol do ensino médio estabeleceu um período dedicado ao estudo para seus alunos trabalharem sob supervisão em alguma tarefa escolar, além de ajudá-los a elaborar metas realistas. "Algumas crianças 'pedem dispensa' e juram que vão trabalhar melhor em casa, no computador delas. Como tudo na vida, alguns alunos se beneficiam dessa oportunidade, enquanto outros se mantêm impermeáveis a ela."

## Não fique "fora de foco"

Sabe aqueles dias em que você fica andando pela casa feito barata tonta, sem conseguir se concentrar em nada, e a tarde passa, o dia passa, e você não fez nada nem viu o tempo passar? Bem, com as crianças acontece a mesma coisa.

Em vez de se concentrar naquilo que precisam fazer, as crianças se distraem, olham pela janela, giram as rodas de um carrinho de brinquedo, ficam andando pelo quarto ou rabiscando. Então olham bem para você e começam a chorar: "É muuuuito difícil, é muuuito grande. Estou fazendo isto o dia inteiro".

A filha de Yuki parava no meio do quarto, abria os braços e começava a rodar – não fazia mais nada, apenas rodava. De repente, caía exausta no colo da mãe e, gritando a plenos pulmões, dizia que passara a manhã inteira limpando o quarto, que não terminava nunca e que a mãe precisava ajudá-la. Um dia, Yuki entrou no quarto dela e disse: "Vamos lá, querida, vim ajudar você", e começou a girar. A filha não achou graça nenhuma no comportamento da mãe, mas as três melhores amigas dela, qua ali estavam, se divertiram. Uma delas até concordou que, muitas vezes, a única coisa possível a fazer para não enlouquecer de vez é girar em círculos. A outra disse: "Achei que foi muito melhor que ralhar e gritar ou aplicar uma punição". Os pais precisam se lembrar diariamente de manter o senso de humor.

Se seus filhos têm dificuldade de se concentrar e costumam perder tempo ou demonstrar preguiça, recorra novamente ao *timer*. Faça-os ajustar o aparelho para dez ou trinta minutos (ou o que for melhor para eles), começando com apenas uma tarefa. E mais nada além disso. Então eles terminam. É surpreendente como, terminada a tarefa, eles se acalmam e param de reclamar e de se dispersar como fazem quando estão "fora de foco".

## CRONÔMETRO NO BANHEIRO

Às vezes, os motivos apresentados pela criança para não fazer alguma coisa, ao menos para ela, são verdadeiros. Pode estar atrasada para a escola e tenta convencer você de que não teve tempo de limpar a bagunça que fez no banheiro. Há água espalhada por toda parte, a toalha molhada está jogada no chão, o tubo de pasta de dentes está aberto sobre a pia. Ela insiste (e acredita) que não deu tempo de arrumar o banheiro.

Josh foi se cansando da bagunça eterna até que um dia, com toda a calma e paciência, levou seu filho adolescente até o banheiro e deu a ele um cronômetro. Deixou-o ligado na mão dele e demonstrou quanto tempo levava para pendurar a toalha, limpar a pia e fechar o tubo da pasta de dentes. Depois, pediu que o filho anotasse num caderno o tempo gasto em cada atividade, inclusive os segundos, e somasse para ver quanto levava para pôr tudo em ordem. Josh não brigou, não gritou nem castigou ninguém. Com toda a calma, ele fazia sua demonstração diariamente até que o filho começou a ajudá-lo na arrumação. Ele concluiu que o filho achou mais fácil arrumar tudo sozinho do que agüentar as longas e malucas demonstrações de seu pai.

"Era difícil para mim não rir enquanto fazia aquilo", Josh admitiu, "mas fui absolutamente sincero nas minhas demonstrações. A gente também merece se divertir ensinando os filhos. Se você não consegue motivá-los, pegue-os de surpresa. Para mim, isso funcionou."

## Planejar com antecedência é pensar adiante

Você já notou o ar de espanto no rosto de seu filho na hora em que estão todos prontos para um casamento ou qualquer outra situação importante, todos muito bonitos, bem-vestidos, esperando dentro do carro, e só então ele aparece, o jeans todo rasgado? Olha para você com a cara mais inocente e diz: "Já é hora de ir?"

Certas crianças fazem de propósito, mas muitas não têm a menor noção de tempo. Quando adultos, serão aquele tipo de gente que sai de casa às 8h45 para entrar no trabalho às nove horas e mora a uma hora de distância. Essas pessoas chegam atrasadas *diariamente* e *todos os dias* se espantam por estar atrasadas. Gente que nunca sai com tempo para chegar, assim como aqueles que deixam tudo para a última hora, se beneficiará se aprender a planejar com antecedência.

O objetivo de planejar com antecedência é saber o que é preciso fazer para estabelecer prazos realistas. Há crianças que não se ligam aos prazos até o último momento. Quando finalmente começam a trabalhar, é claro que é tarde demais. Comece ajudando-as a adquirir noção de tempo. Uma possibilidade é afixar no quarto um quadro de horários ou um calendário. Mas isso só funciona se a criança souber usar. Alguns pais acham que basta pendurar o calendário no quarto do filho para que ele o consulte diariamente. E a criança nem sabe que dia é hoje. O que ela vê no calendário são apenas fotos ou figuras bonitas.

Algumas crianças deixam o calendário pendurado na parede durante anos e nunca olham para ele nem se preocupam em saber em que dia estão. Não adianta marcar uma data no calendário se ele não for consultado. Determine uma data e certifique-se de que a criança esteja atenta.

Uma vez que seu filho esteja ciente dessa data, desse tempo ou prazo determinado, ajude-o a estabelecer miniprazos. Pode ser preciso ensinar várias vezes até a criança entender. Se ela tem de se aprontar para sair às cinco horas para o casamento da prima e se na casa há um único chuveiro, deve começar a se arrumar muito antes do que imagina. Será absurdo chegar pouco antes das cinco para tomar banho e se vestir, quando toda a família estará fazendo a mesma coisa.

Sente-se com seu filho e faça um levantamento de tudo o que precisa ser providenciado do prazo final (cinco da tarde) para trás para ele saber quando deve começar. Se lavar a cabeça, terá de tomar banho às três e só depois, se quiser, ligar a televisão. Antes disso, de preferência no dia anterior, a roupa que ele vai usar já deve estar escolhida para saber se alguma peça terá de ser lavada ou consertada. Tudo isso tem de ser visto antes. Não é preciso que toda a família entre em pânico só porque um de seus membros esperou até o último momento e agora precisa desesperadamente das outras pessoas para ajudá-lo a se aprontar.

## Trabalhos escolares

A mesma coisa acontece com os trabalhos escolares. Se algum deles precisar ser entregue no final do mês, mostre a seu filho o que acontecerá se ele esperar até a noite anterior para começar a pensar no que vai precisar e decidir o que fazer e como fazer.

Talvez ele tenha de pesquisar material fora de casa ou comprá-lo em algum lugar. Seu filho deve cooperar dizendo com antecedência do que vai precisar e quando o trabalho deve ser entregue. Feito isso, sempre que possível você vai ajudá-lo a prever com antecedência até que isso se transforme num hábito e ele nunca mais perca os prazos.

Faça-o entender que é preciso rever prazos irreais. Estabeleça com ele um prazo real e então comece a trabalhar de trás para a frente. Se o trabalho de Arte tiver de ser entregue no final do mês e ele calcula que algumas noites serão suficientes para concluí-lo, deverá começar a fazê-lo no dia 25 para não precisar entregá-lo todo borrado porque a tinta não secou.

Com essa data em mente, seu filho vai começar a reunir ou a comprar o material já no dia 24 ou pelo menos deverá saber do que vai precisar. Ensine como fazer uma lista do que for necessário e prometa que o ajudará sempre que possível.

Mas, se ele precisar de alguém que o leve à papelaria para comprar o material, talvez não encontre ninguém disponível no dia 24. Assim, por garantia, é melhor fazer isso mais cedo. Seu filho não pode esperar que os adultos interrompam suas ocupações nem saiam mais cedo do trabalho só porque ele deixou tudo para a última hora. No começo, você terá de ajudá-lo a planejar com antecedência, a pensar com antecedência. Algumas crianças têm dificuldade de trabalhar antes do prazo, outras acham a coisa mais natural do mundo. Eu já era caloura na faculdade quando descobri que nem todo mundo lia livros, jornais e revistas de trás para a frente. Para mim, era assim que todo mundo fazia e ponto final. Sempre fiz as coisas de trás para a frente, portanto não tenho nenhuma dificuldade de planejar com antecedência. O mesmo pode acontecer com seu filho. Só as crianças que fazem as coisas de outra maneira é que têm dificuldade com isso. Mas, seja como for, trata-se de um ótimo hábito a ser adquirido, que vai favorecer muitos aspectos da vida. Seu filho terá muita sorte se aprender essa técnica.

Grande parte deste livro visa romper o hábito de protelar. Só no caso de planejar com antecedência é que seu filho trabalha para criar um novo hábito, o que, a princípio, pode causar certa estranheza. Não se esqueça de que os novos hábitos são muito difíceis no começo. Quando você aprende a digitar ou a tocar um instrumento, é como se seus dedos estivessem enfaixados. Depois, à medida que vai adquirindo prática, tudo fica fácil. O mesmo acontece com os hábitos. Quanto mais você planejar suas coisas com antecedência, mais natural e confortável isso se torna. Por fim, você automatiza um pensamento: "Vou planejar com antecedência e estabelecer prazos para saber quando devo começar".

## A cada etapa, uma recompensa

Quando seu filho tem um trabalho de longo prazo, tal como o resumo de um livro volumoso, em geral o professor o ajudará a se planejar: em doze semanas uma parte deverá ser feita, em onze semanas outra parte. Seja quem for que estabeleça os prazos, seu filho deve recompensar a si mesmo a cada etapa concluída.

Ao desenvolver o hábito de "trabalho e auto-recompensa", seus filhos estarão aprendendo o segredo de uma vida equilibrada, que muita gente não conhece. Talvez no início você possa ajudá-los com as recompensas, mas à medida que forem crescendo deverão saber ser possível eles próprios se recompensarem. Quando o livro estiver fichado e seu filho começar a lê-lo bem antes do tempo previsto, peça para ouvir um resumo da história se ele já estiver na metade. Não economize elogios nem cumprimentos. Seu filho os receberá como recompensas.

Muitos pais são contra a recompensa por fazer as lições de casa de forma planejada. Enfatizam que essa é *obrigação* da criança e que não se deve "adulá-la" por cumprir seu dever.

Não vamos esquecer que estamos lidando com crianças proteladoras que se esforçam para trocar um mau hábito por outros que sejam mais úteis em sua vida profissional e afetiva – e mais saudáveis física e mentalmente. O que esses pais condenam como recompensa ou elogio alguns patrões dão aos bons funcionários na forma de bônus ou aumento de salário. Várias empresas de seguro de automóveis oferecem ao bom motorista um desconto por não se envolver em acidentes nem cometer infrações. Quando você recebe dinheiro por seu trabalho, está sendo recompensado por fazer o que tem de fazer.

Não estou defendendo a adulação a nossos filhos, mas, quando entramos no jogo da troca do hábito da protelação pelo hábito de planejar, não há problema nenhum em dar valor ao aspecto da recompensa. Não estamos falando em dar um carro nem uma viagem à Europa, mas de pequenas recompensas, como presentes ou algum tempo dedicado a eles. Que presente maravilhoso você lhes dá quando aprendem a celebrar um trabalho bem-feito!

## A verdade por trás das desculpas

Há muita vergonha, muita culpa e muita ansiedade envolvidas na protelação. Nossos filhos inventam desculpas porque não querem que os pais saibam aquilo que acreditam ser realidade: eles são incapazes de fazer o que é preciso. "Não tive tempo de fazer a lição de Matemática." Isso é mais fácil do que dizer: "Eu não sei fazer. Acho que não sou inteligente o suficiente para aprender" ou "Esqueci de ligar para a vovó para pedir que ela compre um número da rifa" em vez de: "Tenho pavor de vender qualquer coisa, especialmente rifas. E se as pessoas não quiserem comprar e eu começar a chorar?"

Esses pequenos proteladores acreditam ter nascido com alguma coisa a menos porque outras crianças conseguem terminar tudo o que começam. Uma falsa desculpa evita que a criança encare a questão de frente e (ela espera) impede você de perceber ou falar sobre esse terrível defeito.

A protelação tem mesmo o poder de influenciar a autoestima e a autovalorização das crianças. Elas passam a pensar que não são bastante boas nem adequadas como seres humanos. Assim, a falsa desculpa de que não têm tempo torna-se uma fachada para amenizar o que acreditam ser a verdadeira razão: elas são incapazes de fazer qualquer coisa, são muito burras, muito fracas, muito pequenas, e assim por diante. Elas preferem que os outros pensem tratar-se apenas de uma questão de má administração de tempo a expor sua inadequação. O medo está na base dessas desculpas. Tudo isso, certamente, é inconsciente. Elas não entendem o que se passa nem tomam a decisão consciente de dizer uma mentira.

Observe melhor a verdade que há por trás de uma desculpa. Você verá que algumas crianças simplesmente não se importam com o fato de fazer ou não suas tarefas, nem mesmo de concluir outros deveres. Você deve dizer a elas: "Você não *tem* que se preocupar. Não estou pedindo que se importe ou não. Se quer ter o privilégio de assistir à televisão, termine o que tem de fazer. Se quer ter o privilégio de passear, faça as lições de casa e entregue-as dentro do prazo. É assim que vai ser. Não precisa se importar, precisa fazer".

Becky, mãe de dois adolescentes, ambos maiores que ela, não hesita em impor a lei aos filhos mesmo sendo baixinha. "Não sou uma pessoa irracional", ela diz aos meninos. "Nao quero que vocês gostem nem que se importem. Apenas exijo que façam se quiserem pôr os pés fora desta casa outra vez." É importante ter senso de humor mesmo quando estiver repreendendo seus filhos. Assim é mais provável que eles entrem em sintonia com você e estejam mais dispostos a levá-lo a sério.

Alguns pais se preocupam com o fato de seus filhos não se importarem com nada – de não haver "pontos fracos" nem recompensas e privilégios que os motivem. Jamais encontrei uma única criança que não se importe com *alguma coisa.* Se uma recompensa não funciona, perder privilégios é quase infalível. O que já vi muitas vezes são crianças teimosas, desafiadoras e resistentes, que preferem negar seus pontos fracos a dar ao adulto a satisfação de "ter vencido".

Se você descobrir que o verdadeiro motivo das desculpas de seus filhos é simplesmente a aversão por fazer alguma coisa, volte ao capítulo 4 e veja se consegue ajudá-los a tornar a tarefa menos sofrida.

## Desculpas – hábito ou jogo de poder?

Seu filho não estará apenas sendo rebelde? Quando as crianças se vêem em desvantagem numa relação ou situação, sempre acham que há controle demais dos pais para discutir ou desobedecer, e assim acabam concordando e em seguida fazem exatamente o que querem. Com o simples ato de não fazer nada podem levar você à loucura, deixando-o enfurecido ou frustrado. Assim elas adquirem um senso de controle ou de poder que é muito peculiar e pode começar desde cedo.

A melhor maneira de lidar com isso é ajudar a criança a ter certo controle sobre sua vida. Converse com ela, dê algumas sugestões úteis encontradas neste livro – uma prova de que você se preocupa. Além disso, deixe que ela tome decisões (apropriadas), tais como o que seria uma boa recompensa para determinado trabalho ou como dividir uma tarefa em etapas menores e mais fáceis. Tudo isso a ajudará a sentir-se mais capaz e a controlar a própria vida.

Ainda explorando a verdade que há por trás das desculpas, outro aspecto deve ser salientado. Seu filho já ouviu *você* dizer que não tem tempo de fazer alguma coisa com ele ou para ele e, em seguida, o vê diante da televisão, jogando futebol, lendo ou fazendo qualquer coisa que considere mais importante do que ele? Nós, adultos, certamente também damos falsas desculpas. Muitos pais descobrem que, ao ensinar seus filhos a não protelar, têm de fazer mudanças para melhorar também a própria vida.

Quando você ajuda seus filhos a se livrar de velhos hábitos e a encontrar novas maneiras de vencer a protelação, está deitando os alicerces de um futuro mais produtivo e satisfatório para eles. Mais tarde, viverão muito melhor graças ao seu investimento de tempo e energia.

## TRABALHO DE EQUIPE

*Para discutir*

- Por que eles adiam o que deveriam estar fazendo? Como resolver esse problema?
- Planeje com antecedência.

## O PRÓXIMO PASSO

*Para fazer*

- Imponha um prazo para completar uma tarefa que seus filhos estejam adiando.

- Mostre a eles exemplos de falsas desculpas e de atitudes responsáveis em filmes e programas de televisão.
- Sua casa está precisando de um período diário dedicado aos estudos?
- Se você desconfia de rebeldia ou de jogo de poder, ajude seu filho a adquirir senso de controle permitindo que ele tome decisões apropriadas ou que escolha uma prioridade.

# 6

# Ser ou Não Ser... Perfeito

O PERFECCIONISMO E A PROTELAÇÃO CAMINHAM LADO A lado. É o perfeccionismo que impede a criança de iniciar um trabalho: "Tudo tem de estar perfeitamente no lugar para que eu possa começar".

O outro lado da moeda é que muitos perfeccionistas não conseguem terminar um trabalho se tudo não estiver... perfeito. Se esse projeto for subjetivo ou artístico, então, jamais estará bastante bom para ser considerado concluído: "Eu vivia retocando meus desenhos, mas acabava estragando e tinha de começar outra vez" ou "O resumo do livro vai atrasar um pouco. Preciso reescrever alguns trechos".

Algumas crianças de altas expectativas e padrões exagerados frustram-se e se zangam com muita facilidade. Em geral, são as crianças mais brilhantes e criativas que têm muito medo das coisas. O próximo capítulo tratará de medos específicos, embora os padrões de perfeição de certas crianças não estejam envolvidos com aspectos específicos. Há muitas razões que explicam essa necessidade de perfeição – que em geral é inconsciente – e a criança não sabe identificá-las nem expô-las. Talvez por temer:

- Magoar e desapontar os pais.
- Perder o amor ou o respeito dos pais, dos professores e de outras pessoas.
- Parecer ou ser má.
- Não ser bastante boa.
- Ser alvo de caçoada.
- Parecer tola, burra ou preguiçosa.
- Ser considerada medíocre.
- Não ser tão boa quanto outras crianças (irmãos, primos ou vizinhos).
- Apresentar pontos fracos ou falhas nas tarefas e em si mesma.

Se perguntarmos a esses pequenos perfeccionistas *quem* eles não querem que os considere tolos ou maus, não saberão responder. Cristina, mãe de Beth, de 5 anos, percebeu que sua filha era do tipo "tudo ou nada". Se a pintura do desenho saía um pouquinho fora da linha, Beth ficava furiosa e achava tudo uma porcaria. Chegava a rasgar a página do livro de colorir. Se sua mãe lhe dissesse que não valia a pena se zangar por tão pouco, Beth insistia na resposta: "Ninguém vai gostar!"

Cristina lhe garantia que estava gostando muito, mas Beth não se convencia. A mãe perguntava: "Quem não vai gostar? Quem mais é tão importante para você?" E Beth apenas repetia: "Todo mundo".

Ela não identificava quem era "todo mundo" e, fosse quem fosse, tinha o poder de deixá-la furiosa quase diariamente com qualquer coisa menos que perfeita, de que "ninguém vai gostar, só a mamãe". Embora temesse o julgamento ou a crítica dos outros, Beth era a crítica mais feroz de si mesma. Isso só a levava a adiar cada vez mais as oportunidades por não aceitar em si mesma nada que não fosse perfeito.

Às vezes, esses pequenos perfeccionistas protelam só porque não conseguem satisfazer suas expectativas inatingíveis e seus padrões desnecessariamente rígidos, por mais acostumados que estejam a fazer determinada coisa. A irmã Jean Frye, que leciona há 37 anos, explica: "Conheci inúmeros adolescentes que eram alunos brilhantes, mas não entregavam seus trabalhos no prazo e muitas vezes nem os faziam. Por fim, descobri que eles não conseguiam terminá-los porque o resultado não correspondia a suas altas expectativas. O problema não era fazer a tarefa, mas não corresponder aos próprios altos padrões de exigência".

## Eles não querem decepcionar ninguém

Algumas protelações baseiam-se no fato de a criança querer tanto que os pais, os professores, os treinadores ou os líderes de seu grupo a considerem perfeita que acaba se transformando numa criança boazinha, que se comporta de maneira estranha, inexplicável e, às vezes, até muito mal. Ela não consegue aceitar os próprios erros, por isso se torna mentirosa e dissimulada.

Durante sua vida escolar, Ivone se preocupou muito com o que os pais pensavam a seu respeito e não queria que soubessem disso.

> Evitava levar más notícias para casa ou contar alguma coisa a meu respeito que pudesse decepcioná-los.

> No final do semestre, se os alunos tirassem notas baixas, os pais tinham de assinar o boletim. Eu falsificava a assinatura de minha mãe! Fazia isso com a intenção de aumentar minhas notas no semestre seguinte e evitar que meus pais (e eu também) se decepcionassem. Bem, em geral eu não conseguia tirar notas mais altas e eles se decepcionavam do mesmo jeito. Por fim, descobriram que eu estava falsificando a assinatura de minha mãe e ficaram chocados com minha mentira. Sentiramse enganados – e naquela idade eu não compreendia o que estava acontecendo nem conseguia explicar que minha intenção era poupá-los de um aborrecimento porque era muito importante que eles pensassem bem de mim. Se eu tivesse simplesmente dado a má notícia das notas baixas quando as recebia, teria poupado todo mundo de tantos problemas, tanta mágoa e de tão grande decepção.

Ivone conta que grande parte do seu hábito de protelar era fruto da timidez: "Eu era uma criança muito tímida e talvez por isso adiasse ou tentasse evitar muitas situações e também oportunidades".

Hugo descreveu seu filho Luís, de 13 anos: "Tanto faz que seja uma partida de futebol, um trabalho escolar ou uma aula de Música – ele nunca pensa em sucesso. Pelo contrário, só o que o motiva é o medo de fracassar – tudo tem de ser perfeito. Desde pequeno Luís baseia sua auto-estima naquilo que faz e realiza e está sempre bravo ou frustrado porque o que faz nunca é 'bom o bastante'. Se ele faz um bom trabalho, nunca parece obter prazer com isso, pois 'é apenas sua obrigação'. Luís está sempre... vazio".

A mulher de Hugo, Iolanda, continua: "Nossos amigos dizem que o perfeccionismo de Luís não é nada diante da briga que eles têm com os filhos por causa das notas e da apatia deles diante dos trabalhos. Nosso vizinho costuma dizer que, se achamos que isso é um problema, não temos com que nos preocupar. Muita gente não consegue avaliar quanto o perfeccionismo pode ser limitador e até mesmo debilitador. Eles não fazem idéia!"

## Por que as crianças se tornam perfeccionistas?

Judith Starkey, palestrante profissional de Illinois e especialista em influências culturais, diz que, ao lembrar a infância, reconhece que todas as vezes em que protelou invariavelmente o fez devido ao perfeccionismo, provocado pelo "medo de fracassar, de não corresponder às expectativas, por querer superar-me e não cometer erros. Era mais seguro não fazer nada, mas também muito menos recompensador".

Duvido que alguém conheça todas as razões pelas quais uma pessoa se torna perfeccionista. Muitos pais preferem dizer que seus filhos nasceram assim e contam histórias de quando eram pequenos e se frustravam por não conseguir alcançar padrões incrivelmente altos brincando com seus blocos de madeira. Outros se lembram dos primeiros anos dos filhos e conseguem identificar o momento em que o sentimento de "não ser bastante bom" começou.

Rebeca conta que, quando seus filhos eram pequenos, mesmo que arrumassem a cama, tirassem a mesa ou limpassem a pia, ela sempre acabava refazendo tudo. Sua irmã a criticava por impedir que as crianças se sentissem orgulhosas do dever cumprido, mas Rebeca achava que assim aprenderiam a fazer melhor. Um dia, Rebeca e o marido estavam preparando a terra numa parte do quintal para fazer um jardim. Ela conta que passou várias vezes o ancinho para tirar todas as pedras e deixar a terra bem macia. Mas, quando se afastou para admirar o resultado, seu marido pegou o ancinho e fez tudo outra vez.

"Fiquei arrasada", conta ela. "Trabalhei tanto e estava tão orgulhosa do resultado, e ele, sem dizer uma palavra, refez tudo como se eu não tivesse feito *nada*. Eu tive vontade de jogar o ancinho na cabeça dele! Então decidi que nunca mais plantaria nada naquele jardim. No mesmo instante, reconheci que meus filhos deviam sentir a mesma coisa quando eu refazia o trabalho deles e *entendi* por que não gostavam que eu refizesse suas tarefas. Desse dia em diante, nunca mais refiz nada que tivessem feito. Mesmo assim, dois de meus três filhos acham que nada do que fazem está bom, refazem várias vezes a lição e nunca estão satisfeitos."

Bridget, ao falar do filho de 10 anos, disse: "Ele se define pelo que faz – se estiver bem-feito. Sua autovalorização está inteiramente baseada em sua habilidade seja do que for. Assim, ele acha que, se não terminar um trabalho, ninguém poderá avaliar sua habilidade – ou a falta dela". Bridget ouvira dizer que as crianças precisam ser mais incentivadas do que elogiadas, mas não sabia qual era a diferença. Um dia, quando o filho fazia um suporte de livro de madeira, Bridget passou por ele e disse: "Você trabalha muito bem com madeira". Ele respondeu: "Não, não trabalho, não". E, num acesso de raiva, parou imediatamente de trabalhar e nunca terminou o suporte.

Bridget tentou fazer o filho entender que o processo de aprendizagem e o prazer de realizar são muito mais importantes do que tirar as notas mais altas da classe. Depois aplicou a idéia (de incentivá-lo) no trabalho com madeira. Quando o viu serrando para fazer outro objeto, disse: "Você gosta muito disso, não é?" Ele começou a falar das coisas de que gostava, e a mãe percebeu que essa conversa era, para ele, um elogio "aceitável". Mas elogiá-lo e dizer que ele trabalhava muito bem com madeira estabelecia um padrão ao qual não estava disposto a corresponder.

Então a questão é: por que algumas crianças se tornam perfeccionistas? Depois de conversar com centenas de pais e terapeutas de todo o mundo, a conclusão é uma só: ninguém sabe por quê.

## Como ajudar um perfeccionista?

Muita gente aconselha um perfeccionista a respirar fundo ou contar até 10 quando se sente frustrado ou zangado. Não discordo, mas acredito que faça mais sentido mostrar a ele como o perfeccionismo pode ser contraproducente. Essa é geralmente a causa da protelação e do estresse porque nem um nem outro é compatível com altos padrões de realização.

Em geral, as crianças perfeccionistas não percebem que existem outras opções para fazer um bom trabalho. Elas confundem padrão de perfeição – se não for perfeito, não serve – com padrão de excelência, a valorização dos resultados pela alta qualidade. O que não percebem é ser possível alcançar a excelência, enquanto a perfeição está fora de alcance.

Seria um grande presente para todo mundo se você tivesse uma conversa familiar (no carro, durante o jantar, em qualquer ambiente relaxado) sobre a diferença entre um padrão de excelência e um padrão de perfeição. Diga em que ponto você se situa nessa questão.

Às vezes, as crianças observam um comportamento perfeccionista em outra pessoa da família (você, por acaso?). Se tem essa necessidade, pode contar a elas as ocasiões em que o perfeccionismo criou um problema que uma expectativa de excelência teria resolvido.

Darlene contou aos filhos que estava escrevendo um bilhete de agradecimento a um amigo quando foi interrompida por alguma coisa que a fez cometer um erro que ela riscou. Depois achou que a palavra riscada não ficava bem, pôs o papel de lado e deixou para escrever o bilhete num dia em que tivesse mais tempo e não fosse interrompida. E nunca mais voltou a escrever aquele bilhete de agradecimento.

Cerca de um ano depois, ela recebeu uma carta de outro amigo que a deixou feliz durante todo o dia. Quando releu a carta, notou que uma palavra havia sido riscada e reescrita. Darlene então pensou: "Não é muito melhor receber um bilhete imperfeito (com uma palavra riscada) que me traz alegria do que não receber bilhete nenhum?"

Se você viveu uma situação em que o perfeccionismo chegou a lhe causar problemas, conte-a para sua família.

## Opa! Cometi um erro

Você já tem idade suficiente para saber que as maiores lições da vida são as que aprendemos com nossos erros. Com uma atitude construtiva, pode aprender com um erro e seguir em frente. Mas, se sua atitude for: "Ah, nããããão, eu errei! Sou mesmo uma anta inútil e infeliz", você não aprende nada e vai adiar tudo o que possa resultar em erro – inclusive atividades e experiências que poderiam ser maravilhosas.

Conte a seus filhos a história de Mário, que aprendeu lendo biografias. A parte que ele mais apreciava era ver a personagem central do livro cometer um erro ou falhar. Ele dizia: "Seja quem for seu herói preferido, ele também errou muito. Quanto mais bem-sucedido ele é, mais erros comete".

"Lincoln, antes de ser eleito presidente, perdeu várias eleições, teve um sério problema de relacionamento e foi hospitalizado com depressão. Mesmo assim, não desistiu e tornou-se um grande presidente."

Quando você conversa sobre erros com seu filho perfeccionista ou com toda a família, diga a eles como se sente quando erra. Você fica arrasado e se autocensura ou pensa no que pode aprender com o erro e segue em frente? Nesse caso, conte a todos suas experiências. Pergunte:

- Em família, como vocês lidam com os erros?
- Que reações são adequadas aos erros?
- Você ou algum membro da família já aprendeu alguma coisa com um erro cometido?
- Independentemente do que tenha acontecido no passado, a família permite que os erros ocorram e os aceita como parte natural da vida?

Quando aceitamos e sabemos conviver com nossos erros, é mais fácil aceitar os erros dos outros. O principal é entender que *todos* os seres humanos cometem erros. Você sofre com os erros ou pode usá-los para aprender novas lições.

## Identificação do que dizemos a nós mesmos

A maior parte de nossas reações ao erro tem origem nas coisas que dizemos a nós mesmos. Quando seu filho perfeccionista fica zangado ou se frustra com algo que não esteja perfeito, acredita não poder evitar isso. Mas os sentimentos se originam em nossos pensamentos, e os pensamentos estão baseados nas coisas que dizemos a nós mesmos.

Só seu filho pode saber as coisas que diz a si mesmo, mas dificilmente tem consciência delas (porque são quase sempre inconscientes) quando se vê diante de uma imperfeição. Mas você pode ajudá-lo também nesse sentido. Conte a ele as coisas que diz a si mesmo quando comete um erro. Em vez de dizer "sou muito burro", diga "foi um erro tolo, mas ainda sou uma pessoa inteligente". Além disso, você pode sugerir uma grande variedade de mensagens negativas que talvez façam parte da conversa inconsciente de seu filho e ajudá-lo a identificar qual delas está dizendo a si mesmo. Essas mensagens negativas podem ser:

- Todo mundo tem que me amar e me aprovar o tempo todo.
- Preciso ser competente e perfeito em tudo o que faço.
- Se as pessoas me desaprovam, é porque estou errado ou porque me comporto mal.
- Meu valor como pessoa depende do que consigo e do que produzo.

A pequena Beth, de 5 anos, que num acesso de raiva rasgou as páginas de seu livro de colorir, talvez dissesse a si mesma: "Estou pintando fora da linha e agora que o desenho se estragou ninguém vai gostar dele". Cristina pode ajudá-la a mudar a mensagem fazendo-a repetir quando necessário: "Eu pintei fora da linha, mas o resto do desenho está muito bonito e eu gosto muito de colorir. É divertido". Trabalhando com a criança, mostre-lhe quanto as coisas negativas que diz a si mesma a impedem de divertir-se e de sentir prazer no que faz.

Ivone, que falsificou a assinatura da mãe no boletim da escola, deve ter dito a si mesma: "Se meus pais descobrirem que tirei notas baixas, ficarão muito infelizes e não mais me amarão". Às vezes, quando assumimos as coisas que dizemos a nós mesmos ou que nossos filhos dizem, elas podem nos parecer exageradas e melodramáticas, mas nossas conversas inconscientes, que tanto mal nos fazem e tanta infelicidade nos causam, são assim mesmo. Ivone poderia mudar sua mensagem para: "Quando meus pais souberem que tirei notas baixas, ficarão muito desapontados. Talvez eu seja punida ou obrigada a estudar muito mais. Bem, ao menos eles saberão a verdade e eu não me sentirei culpada nem mentirosa".

Pode ser difícil identificar, a princípio, a conversa interior, mas quando o mistério se dissolve isso se torna uma incrível experiência. Se seu filho trabalhar na transformação de sua conversa interior e perceber que seus sentimentos com relação a si mesmo estão mudando, provavelmente sofrerá menos com o estresse, terá mais alegria e seu hábito de protelar tenderá a diminuir.

## O PAI PERFEITO, POR FAVOR, PODERIA SE LEVANTAR?

Linda Brakeall, palestrante profissional e escritora, diz: "É bobagem pretender ser um pai perfeito ou competente em todas as fases da vida de seus filhos. Você pode ter sido exemplar quando eles ainda eram pequenos, mas um fracasso na adolescência deles. Pode ter sido ótimo na adolescência deles e distante ou ausente quando ainda eram bebês. Cada estágio da vida da criança exige habilidades específicas dos pais. É bobagem achar que você vai se superar em todos os estágios da vida de seus filhos. Algumas pessoas conseguem, outras não".

Concordo. Eu também já tive épocas em que achei ser perfeita como mãe, com todas as respostas na ponta da língua – então veio meu primeiro filho e eu me dei conta de que não sabia nem quais eram as questões.

Se nossos filhos se atrapalham na busca da perfeição, nós também fazemos isso.

- Você espera ser perfeito como pai, mãe, professor, avó ou qualquer que seja sua ligação com a criança?
- Quer ter todas as respostas? (Ninguém tem, você sabe.)
- Espera ensinar a seus filhos o que está lendo neste livro?
- Espera que seus filhos aceitem seus ensinamentos, mudem imediatamente e todos vivam felizes para sempre? (Alguém se lembra dos *contos de fada?*)

Não há nenhum problema no desejo de ensinar alguma coisa a seus filhos nem no fato de eles não aprenderem. Você não sabe se vão entender só porque *você* entende de outra maneira ou faz as coisas de modo diferente.

Talvez você ainda não tenha começado a conversar com eles sobre protelação. Nunca se sabe, mas talvez um dia você diga a si mesmo: "Não tenho de esperar pela melhor hora, pelas condições ideais nem pela melhor situação para que meus filhos estejam dispostos a me ouvir. Eu estou com vontade de conversar agora".

O que você disser não precisa ser perfeito. Então relaxe e confie em si mesmo.

## TRABALHO DE EQUIPE

*Para discutir*

– Se seu filho tende a ser um perfeccionista, seria bom ter algumas conversas com ele. Se você conseguir ajudá-lo a mudar de atitude, a vida dele será muito mais feliz e mais fácil.

- Entenda que um padrão de perfeição resulta em protelação e estresse. Isso faz parte da expectativa dele em relação a si mesmo?
- A excelência pode ser atingida, a perfeição raramente é alcançada.
- Não há problema em cometer um erro. Você pode aprender com ele. (Conte os erros cometidos por Abraham Lincoln e outras pessoas de sucesso.)
- Mostre como lidar com os erros.
- Quais são as maneiras aceitáveis de lidar com os erros na família?
- Conversas interiores levam aos pensamentos e os pensamentos levam aos sentimentos.
- Fale sobre suas conversas interiores, principalmente se estiverem ligadas ao perfeccionismo.
- Ajude seu filho a criar uma mensagem que suprima as mensagens negativas. (Mude "ninguém me amará se eu cometer um erro" para "opa, eu errei, então é melhor saber o que posso aprender com esse erro".)

## O Próximo Passo

*Para fazer*

- Tente aceitar a excelência no lugar da perfeição em seu filho.
- Em grupo, façam uma lista dos aspectos positivos e negativos dos erros.

# 7

# O Medo como Fator de Protelação

UMA DAS CAUSAS MAIS SUTIS DA PROTELAÇÃO É O MEDO, que se esconde no inconsciente e tem o poder de nos imobilizar. Às vezes nós, e as crianças também, adiamos uma coisa por várias semanas e até meses em razão de um medo desconhecido. Tão logo esse medo é reconhecido e ganha nome, a protelação desaparece sem que tenhamos de lutar contra ela.

O primeiro passo é descobrir que tipo de medo está fazendo você adiar alguma coisa e contar isso a seus filhos. Só assim os incentivará a se abrir e a identificar os próprios medos. Identificamos os medos dos filhos conversando com eles a respeito do que estão adiando e do que há por trás desse comportamento. Incentive-os a falar do medo que sentem e tente descobrir suas causas.

Como os medos são inconscientes, seu filho não sabe o que teme, nem mesmo sabe que o medo existe. De qualquer maneira, esse medo terá um poder tremendo sobre ele. Que medo é esse? No capítulo anterior, já exploramos o medo da imperfeição, que traz o medo de não ser bom o bastante, de cometer erros, de decepcionar alguém e, finalmente, o medo da censura. Discutimos também o medo do fracasso, que todo mundo conhece muito bem – mas e o medo do sucesso?

## O medo do sucesso

A idéia do sucesso pode apavorar uma criança. Pense nisso. É claro que isso não ocorre em todas as escolas, mas em algumas delas o sucesso não é visto com bons olhos. Se seu filho for estudioso, provavelmente será considerado um "caxias". Se for bom aluno, será chamado de "queridinho" da professora. Os únicos que se tornam populares com o sucesso são os atletas e as líderes de torcida.

As crianças não só acreditam que às vezes o sucesso não é uma coisa boa como temem as expectativas que o acompanham. Andy lembra-se de seus 8 anos: "Nosso vizinho tinha acabado de ser promovido no trabalho e meu pai disse: 'Agora ele vai ficar todo importante. Provavelmente vai comprar um carro muito maior e se achar bom demais para continuar falando conosco'. De alguma maneira achei que o sucesso nos torna pessoas más e solitárias que não merecem ter amigos. E desse dia em diante decidi que jamais me tornaria uma pessoa importante".

Muitas crianças acreditam que o sucesso é negativo – acham que os bem-sucedidos financeiramente são maus, arrogantes, vaidosos, divorciados, solitários e odiados pelos próprios filhos. Na cabeça delas, o sucesso pode significar o avanço de um ano na escola ou a mudança para uma classe de alunos especiais ou para outra escola. Isso, por sua vez, significa transformação e traz o desconhecido – abandonar os amigos e o conforto do que é familiar.

Algumas crianças temem que, se fizerem sucesso uma vez, terão de fazer sucesso sempre. E se não conseguirem? Outras temem o sucesso porque todos passarão a prestar atenção nelas, a olhar para elas, e ninguém gosta de ser o centro das atenções.

Crianças de todas as idades consideram o sucesso assustador. Quando alguém estabelece uma meta e começa a sabotar a si mesmo e a atirar no próprio pé, observe se não será o medo do sucesso que entrou em ação.

## O medo do desconhecido ou da mudança

Mudar é uma das coisas mais estressantes que existem. É assustador e caótico porque temos muito pouco controle sobre o que ocorre durante a mudança. Por outro lado, sabemos que a mudança é a única coisa constante nesta vida.

Nossos filhos estão vivendo um período de mudanças muito mais rápidas do que víamos quando tínhamos a idade deles. Mas, quando adiam o preenchimento do formulário do vestibular ou não têm vontade de conhecer novos amigos, revelam pouca consciência do poder que o medo do desconhecido e da mudança exerce sobre eles.

Protelar para ir a algum lugar, mesmo conhecido, pode ser um sintoma de medo em crianças pequenas. Por sentir-se seguras e à vontade em casa, demoram a preparar a mochila para passar o fim de semana na casa da avó, pois não sabem com quem vão brincar nem se aquele tio que caçoa delas vai estar lá.

Se a criança protela para ir a um lugar desconhecido, como a nova creche ou a nova escola, não brigue com ela. Você conseguirá melhores resultados ajudando-a com informações sobre o "desconhecido". Levá-la para visitar o lugar com antecedência ajuda bastante, pois ela saberá o que vai comer, onde ficam os banheiros, a quem procurar se outra criança brigar com ela ou se não estiver bem e precisar de você.

Em vez de temer o que desconhecem, muitas crianças preferem falar do que julgamos que as assusta. Quando morreu a mãe de Wendy, de 6 anos, durante o funeral ela não parava de perguntar a todos o que aconteceria se o pai morresse. Todos lhe garantiam que ele não morreria, mas Wendy não se convencia.

Por fim, quando uma tia disse que Wendy iria morar na sua casa, a menina fez milhares de perguntas, certamente porque já havia pensado nisso. Teria de dividir o quarto com a prima? O que aconteceria com sua antiga casa? Teria de mudar de sobrenome? Em que ano entraria se tivesse de mudar de escola? Poderia continuar tendo aulas de *skate*? Poderia voltar para visitar as amigas? O que aconteceria com seu cachorro e os dois gatos?

A tia ainda não tinha respostas para todas essas perguntas, mas reconheceu a necessidade de segurança de Wendy e respondeu da melhor maneira possível. Talvez tenha até inventado algumas respostas e camuflado outras. A inclusão dos três bichinhos de Wendy no zoológico já existente em sua casa era praticamente impossível, mas para não dizer isso a uma criança de 6 anos, no velório de sua mãe, respondeu que o cachorro e os dois gatos poderiam ir com ela. A menina precisava apenas, para não perguntar mais se seu pai também morreria, que a tia lhe desse alguma segurança diante do desconhecido.

Se desconfiar que o medo da mudança ou do desconhecido é o motivo da protelação de seu filho, conte a ele quantas vezes você temeu certas mudanças que acabaram sendo maravilhosas em sua vida. Susana não conseguia fazer seus quatro filhos empacotarem os brinquedos e outras "coisas" na mudança para a nova casa, então falou com eles sobre transformações. Contou que, anos antes, resistira muito a aprender informática. Seus filhos acharam muita graça no fato de alguém não desejar aprender a usar um computador para trabalhar. Aproveitando o bom humor das crianças, ela perguntou se já tinham sentido medo de algo desconhecido ou de mudar. Essa conversa, somada à promessa de que poderiam voltar quando quisessem para visitar os amigos, ajudou-as a vencer o medo que as impedia de empacotar suas coisas. Por fim, as caixas que Susana deixara nos quartos havia algumas semanas foram utilizadas.

Se você não tiver mais informações para dar a seus filhos sobre o desconhecido (pois às vezes não se sabe muito mais do que eles), ao menos diga que é normal ter medo de mudar e do que não se conhece. Muita gente se sente melhor apenas por falar de seus medos.

## O medo de ser julgado, criticado ou punido

Julgamento, crítica e punição geralmente estão por trás do medo de errar. Tal como a pequena Beth, que rasgava as páginas do livro de colorir, não sabemos quem vai julgar, criticar e punir, mas nem por isso deixamos de ter medo.

O medo também está por trás da timidez. Em vez de correr o risco de ser criticada, a criança se esconde para não ter de "se apresentar" na frente da classe, cumprimentar uma visita, conversar com quem está a seu lado nem fazer coisa nenhuma pela qual possa ser julgada. Por isso evita fazer novos amigos e não aproveita as boas oportunidades.

Quando uma criança não tem idéia clara do que se espera dela nem do julgamento que seu comportamento acarretará, o medo da crítica a fará recuar diante do que mais deseja. Talvez queira dizer o que sente à professora, aos pais ou a qualquer adulto, mas recua com medo de ser julgada – seja pelos adultos, seja por outras crianças.

Quando Randy era adolescente, queria cumprimentar a mãe de um colega de classe que viu na igreja. Randy a conhecia desde o jardim-de-infância porque ela acompanhava a classe nas excursões e ajudava nas festas da escola. Ele não a conhecia bem, mas gostava dela e sabia que havia publicado um livro. Queria muito conversar com ela porque também pensava em escrever um livro e acabara de ganhar de sua mãe o livro dessa senhora. Mesmo assim, ficou inventando desculpas para não se levantar e conversar com ela. Mas não parava de pensar nisso e ficava olhando para ela pelo canto dos olhos.

Randy estava decepcionado consigo mesmo por ser tão covarde. Mas nada do que pensasse conseguia tirá-lo daquela atitude de protelação. Por fim, quando a missa terminou, outro adolescente foi até ela e cumprimentou-a. Ela sorriu, agradeceu gentilmente e conversou um pouco com ele. Randy então disse a si mesmo: "É fácil. Eu posso fazer isso". E foi o que fez!

Ele precisou ver outra pessoa fazer o que tinha medo de fazer. Quando identificamos esse medo na criança e mostramos a ela o que fazer ou dizemos claramente o que esperamos dela, quase sempre conseguimos que abandone o hábito de protelar e faça o que quer fazer.

## O medo da responsabilidade

É uma variação do medo do sucesso. Tememos que, se formos bem-sucedidos, seja preciso arcar com a responsabilidade de manter o nível de sucesso. No fundo, a criança teme que aquilo que protela crie novas expectativas a seu respeito.

Ryan contou que seu filho Zack era muito estudioso, mas raramente tirava notas altas. Então, nas férias entre a sexta e a sétima série, algo aconteceu. Zack simplesmente amadureceu ou ficou mais atento por causa do videogame que ganhou ou talvez tenha superado uma dificuldade de aprendizagem. Seja como for, ele voltou para a escola, continuou estudioso como sempre, mas, surpreendentemente, seu rendimento melhorou muito. Até entrou para o quadro de honra! Mesmo assim, quando entregou o boletim, Zack parecia tão desanimado que seus pais acharam que se dera mal outra vez. A mãe foi a primeira a olhar o boletim e gritou: "Zack, você foi para o quadro de honra!" Sinceramente preocupado, Zack respondeu: "Sim, mas não espere que eu consiga isso outra vez".

Infelizmente, tanto os adultos quanto as crianças deixam de fazer muitas coisas por temer que o sucesso lhes traga mais responsabilidades do que possam suportar.

## O medo por antecipação

Por mais estranho que pareça, há gente que deixa de fazer certas coisas não por saber o que sentiria com isso, mas por medo do que *poderia* sentir. Medo de ter vergonha, de fazer papel de tolo, de sentir-se burro, feio, e assim por diante.

Pode parecer bobagem protelar alguma coisa por essa razão, mas esse é um medo que deixa a pessoa paralisada, incapaz de tomar o rumo que escolheu. Enquanto esse medo perdurar, não haverá crescimento. Basta trazê-lo à tona, identificá-lo e dar-lhe um nome para acabar com o poder que exerce.

Quando a criança percebe que o medo de ser tola a aprisiona, ri da bobagem que é adiar algo por temer um sentimento que nem é real, apenas potencial, principalmente se tiver certeza de sua inteligência.

Às vezes, quando nos apavoramos com algo que precisamos fazer, temos de prosseguir e fazê-lo mesmo assim. Raquel conta que, na infância, tinha medo de tudo. Não queria fazer nada e repetia a ladainha: "Tenho medo disso, não consigo fazer, tenho medo". Seu pai achou que a vida dela estava se transformando numa prisão e disse: "Talvez você tenha medo, talvez não tenha. Se tiver, enfrente-o e faça o que tem de fazer". A mensagem era sempre a mesma, só mudava o sentimento. "Talvez você esteja insegura, talvez não. Se estiver, enfrente isso e prossiga."

Ele ensinou à filha que o sentimento não era o problema. Hoje Raquel é uma mulher corajosa, dirige seus negócios e corre riscos constantes. E agradece a seu pai por ajudá-la a vencer o medo do que sentia quando criança.

## O medo da rejeição

A maioria das crianças sabe como é terrível o medo de vender alguma coisa para arrecadar dinheiro para a escola. Ele é fruto do medo de ser rejeitado, mesmo que se tenha de vender para a própria avó. As avós são grandes incentivadoras e compram qualquer coisa, quer precisem, quer não. Como a criança tem de pedir para alguém comprar, prefere que seja seu pai ou sua mãe. Quando ajudamos a criança a vencer esse medo (em vez de livrar-se dele) e a ensinamos a correr o risco de ser rejeitada – mesmo com medo –, encorajamos nela uma habilidade que lhe será útil em muitas ocasiões na vida.

Observamos que as crianças também têm medo de ser rejeitadas pelas pessoas com as quais se relacionam. Para um adolescente, pode ser um risco muito grande convidar uma menina para sair. Observe quantas crianças preferem comer sozinhas no refeitório da escola a sentar-se a uma mesa já ocupada.

Sabemos que a rejeição não machuca ninguém fisicamente, mas o estrago potencial que pode causar é tão assustador quanto jogar-se de um avião sem pára-quedas.

Uma estranha variação desse medo é o temor de abusar dos outros. Algumas crianças estão tão convictas de que aquilo que desejam é inconveniente, um abuso tão grande, que jamais pedem nada a ninguém. Talvez sugiram, dêem uma dica e até sussurrem ao ouvido de alguém, mas jamais dirão: "Posso beber um refrigerante?"

É importante ajudar a criança a superar esse medo, do contrário terá sempre a expectativa de que as pessoas serão capazes de ler seus pensamentos e adivinhar o que ela quer. Como ninguém fará isso, ela (e alguns adultos também) se sentirá rejeitada e mal-amada. Isso não é bom para ninguém, além de prejudicar seriamente a comunicação em qualquer tipo de relacionamento. Se as crianças não aprenderem a pedir um copo d'água quando são pequenas, não saberão o que esperar das outras pessoas quando forem mais velhas. Isso provocará todo tipo de interferência na comunicação.

Temos de ensinar às crianças enquanto são ainda pequenas que não é nenhum problema pedir o que precisam e querem. Mostre a elas como fazer isso e ajude-as a entender que nem sempre obtemos o que pedimos, o que não significa abuso e muito menos rejeição.

## O medo de tomar a decisão errada

Não pense que as crianças não têm de tomar decisões importantes, pois qualquer decisão é importante para elas. As crianças sentem esse medo quando têm muita coisa para fazer e não conseguem decidir por onde começar. Se protelam a lição de casa, nós pensamos que estão desmotivadas, são preguiçosas ou rebeldes, mas na verdade só não conseguem decidir que matéria farão primeiro. E, quando decidem, talvez não saibam por onde começar. O tempo passa, e elas não começam nunca.

A criança que tem medo de tomar decisões importantes também pode ter dificuldades com decisões mais simples, como escolher o que pedir num restaurante. Ela precisa adquirir confiança na própria capacidade de tomar decisões e vencer o medo de que as conseqüências de sua escolha sejam piores do que a angústia da indecisão e da protelação.

Se seu filho for muito medroso, ajude-o a enfrentar o medo exagerando-o, aumentando-o ainda mais. Às vezes, quanto mais exagerado melhor. Pergunte a seu filho o que aconteceria se o maior medo dele fosse real. Talvez não goste de ser criticado pelo que fez nem de sentir-se rejeitado, mas não morrerá por isso. Talvez se sinta mal por algum tempo, mas não se sente mal também por adiar o que precisa fazer?

Se a criança, por exemplo, está com dificuldade de escolher o prato no restaurante, pergunte a ela o que aconteceria se a comida estivesse estragada ou se fosse a pior do mundo. Deixe-a responder o que lhe vier à cabeça.

- Ela morreria de fome se perdesse uma refeição?
- Alguém da família dividiria a comida com ela?
- Ela mandaria a comida de volta?

- Seria punida ou levaria um pito? (Talvez seja esse o medo. Ela teme que você diga: "Você pediu, agora tem de comer, goste ou não goste!")

Se sua filha demora para se vestir pela manhã e você desconfia de que esteja com medo de escolher a roupa errada, pergunte a ela o que aconteceria se pegasse o vestido mais feio do armário.

- Alguém caçoaria dela? Seus irmãos? As amigas? Você?
- Se ela só percebesse na escola estar com uma roupa muito feia, conseguiria suportar isso o dia inteiro?
- Se percebesse o erro antes de sair de casa, teria tempo de se trocar?
- Você diria a ela que a roupa nao serve e se ofereceria para ajudar a escolher outra?

- Você a obrigaria a usar a roupa feia durante todo o dia? (Essa pode ser a verdadeira causa do medo: "Você escolheu, agora use!")

Exagerar as situações é um exercício simples que pode transformar-se num hábito duradouro para ajudar seus filhos a ficar livres da força repressora dos medos. Outra maneira de ajudá-los é permitir que tomem decisões adequadas quanto ao que querem comer ou vestir. Não os sobrecarregue com decisões muito difíceis nem muito sérias para a idade deles. É bom para as crianças aprender a não tomar decisões ambíguas. Justin ensinou a suas filhas a valiosa habilidade de tomar decisões rápidas: escolha como agir e não olhe para trás.

Ajudar seus filhos a reconhecer e identificar os próprios medos, em qualquer idade, será um hábito muito útil por toda a vida. Ao longo deste livro, você percebeu quantas vezes o medo de alguma coisa nos obriga a adiar? São medos sutis, mas se seu filho conseguir identificá-los perderão todo o poder. Às vezes, basta identificá-los para eliminar a protelação de nossa vida.

**DICAS PARA SEU FILHO**

- **Converse com alguém. Falar do medo ajuda a torná-lo consciente e diminui o poder que ele tem.**
- **Identifique o medo, dê nome a ele.**
- **Veja o medo como um mero sentimento. Se você vacila porque tem medo, aja mesmo assim.**
- **Exagere o medo, aumente-o. O que de pior poderia acontecer?**

## TRABALHO DE EQUIPE

*Para discutir*

- Quantas vezes eu protelo por medo?
- Como o medo pode nos imobilizar até tornar-se consciente e ser identificado: medo de ser imperfeito, medo de não ser bom o bastante, medo de errar, medo de decepcionar, medo do fracasso ou do sucesso, medo do desconhecido ou de mudanças, medo da responsabilidade, medo dos sentimentos, da rejeição e finalmente medo das decisões.
- Exagere situações de medo. Dê exemplos.

### O Próximo Passo

*Para fazer*

- Não tenha medo de falar com seus filhos sobre este livro. A propósito, do que *você* tem medo?

# 8

# "Deixe Minhas Tralhas em Paz"

QUANDO CHEGA A HORA DE ARRUMAR SUAS COISAS, AS crianças têm duas alternativas. Uma é pôr cada coisa no devido lugar e não se fala mais nisso. A outra é:

- Não sabem se jogam fora ou se guardam.
- Se resolverem guardar, protelam.
- Sabem que a hora de guardar é *agora*, sabem *onde* guardar, mesmo assim protelam.

O resultado da segunda alternativa é a desordem.

Como as crianças de hoje têm muito mais "coisas" para guardar do que as gerações anteriores, o volume pode se tornar um problema. Elas vivem no caos e nunca encontram o que precisam. Para o bem de seus filhos, ensine-os a organizar seus pertences e a tornar-se adultos práticos e eficientes.

Algumas crianças, contudo, juntam tanta tralha que mal se enxerga seu quarto – nao se vê o chao, nem sequer um pedacinho do tampo da cômoda. Mesmo assim conseguem encontrar qualquer coisa que estejam procurando. Sabem exatamente onde está mesmo que não se consiga andar em meio a tanta bagunça. Mas isso *não* justifica juntar tanta coisa.

Muitas vezes, as crianças levam tempo para se desapegar de um objeto, de um brinquedo. Não gostam mais dele, não o querem mais, mas por alguma razão continuam ligadas a ele, talvez por achar que *devem* guardá-lo. Ensine a seus filhos sentimentais que ninguém precisa guardar *tudo* o que tem e que o mundo não se acabará porque alguma coisa foi jogada fora.

Se as crianças aprenderem a decidir rapidamente o que querem fazer com um brinquedo, um livro, uma folha de papel, um *e-mail* e logo em seguida puserem em prática essa decisão jogando fora ou guardando no lugar adequado, grande parte da bagunça será eliminada. Esse controle envolve quatro passos. Conheça o *vírus* da bagunça:

**DICAS PARA SEU FILHO**

- **Livre-se dessa mania de "pegar, juntar e guardar".**
- **Tome uma atitude: não deixe tudo espalhado.**
- **Livre-se de tudo o que possa atravancar seu cérebro.**
- **Não recomece a juntar mais trastes.**

As crianças juntam tanta coisa porque protelam para:

- Selecionar e organizar.
- Decidir o que fazer com cada coisa.
- Livrar-se do que é inútil.
- Dizer não a mais tralhas na vida delas.
- Comprometer-se a não comprar mais inutilidades.

## Quando uma coleção vira tralha

No instante em que a criança diz "adoro trens" (ou bichos de pelúcia, *Vila Sésamo,* unicórnios, Mickey Mouse, Barbies, dinossauros etc.), a família, que tanto a ama, começa a enchê-la dessas coisas. Em pouco tempo a criança fica soterrada sob toneladas de peças de coleção, tantas que nem se pode contá-las. O quarto parece que vai explodir, a criança se atrapalha procurando um lugar para guardar tanta coisa, tentando manter o mínimo de ordem.

Muitas vezes ela nem quer uma coleção. Mas basta pôr um macaquinho na estante para todo mundo concluir: "Graças a Deus, *agora* sei o que comprar no próximo aniversário!" E num piscar de olhos a criança se torna a feliz proprietária de uma carreta lotada de macacos. No fim, são tantos os macacos que ela nem consegue mais curtir aquele que deu início a tudo, o que realmente aprecia, porque nunca mais vai encontrá-lo.

Se uma coleção é motivo de prazer para a criança, se tem espaço para exibi-la e trata bem dela porque gosta, não há problema nenhum. Nesse caso, não se trata de tralha. A criança pode apreciá-la quanto quiser.

Mas, se seu filho já gostou daqueles objetos e agora não dá mais atenção a eles, aborrece-se para mantê-los em bom estado e não consegue trabalhar no meio deles, é hora de tomar uma decisão. Em geral, a criança não protela para se livrar das peças, mas para deixar de colecioná-las e resolver o que fazer com elas, que agora só servem para atrapalhar.

## Pare de juntar o que não quer mais

As crianças podem abandonar o hábito de colecionar de várias maneiras.

Regina tinha uma coleção de pingüins que foi a alegria de sua vida por três anos, mas acabou se transformando num grande trambolho. Os simpáticos bichinhos lotavam prateleiras e gavetas, e para Regina não tinham mais nenhum valor. Ela dizia que o quarto parecia uma loja de pingüins, não havia lugar para mais nada, nem mesmo para guardar o material da escola. Regina queria guardar os pingüins em algum lugar, mas a mãe não concordou.

**Quando você não tem mais onde pôr suas coisas, não está precisando de mais espaço, e sim de menos coisas.**

A mãe andou pela casa com a filha para mostrar que não havia outro lugar para pôr a coleção. Então disse que os pingüins tinham servido ao propósito de proporcionar muito prazer e alegria por longo tempo e estava na hora de se "aposentar".

Em geral, a criança que resiste a se desfazer de uma coleção chega a esse estágio, entende que a casa não tem espaço ilimitado para acomodar tantas coisas e acaba aceitando dispensar algumas. No fundo, Regina sabia que ela é que tinha de tomar essa decisão, mas protelou isso porque precisava da ajuda da mãe.

## Tome uma atitude

Às vezes, basta parar de colecionar, mas quase sempre isso não é o suficiente: é preciso fazer alguma coisa com a coleção. Apenas deixá-la onde está, incomodando seu filho (e muitas vezes você também), não resolve nada. Não deixe que ele viva no meio da tralha se estiver resolvido a se livrar dela. Seu filho merece mais que isso. Mas a maioria das crianças precisa de ajuda para se desfazer de coisas que um dia foram suas preferidas. Precisam de ajuda para se desligar emocionalmente, guardar tudo numa caixa ou livrar-se delas de uma vez. É nesse ponto que as crianças costumam protelar, a menos que recebam forte apoio e orientação dos pais

Mãe e filha elaboraram um plano: a menina escolheria suas peças preferidas para guardar e se desfaria do resto. Embora ela tivesse permissão para guardar quantos pingüins quisesse, sua mãe calculou que não seria nem a décima parte da coleção. Regina estava mesmo disposta a se livrar dos bichinhos.

Depois disso, ficou muito feliz por embrulhar os que queria e separar alguns para dar aos amigos, aos vizinhos, à funcionária da escola de quem mais gostava, a sua médica e à dona da mercearia, uma senhora com quem simpatizava muito.

Ajude as crianças não só a escolher o que será dispensado (talvez toda a coleção ou parte dela) como também a guardar o que restou ou distribuir o que tiver de ser dado. A mãe de Regina a ajudou a guardar uma parte dos pingüins, providenciou papel para embrulhar os que foram dispensados e ajudou a filha a distribuí-los entre as pessoas.

## Desfaça-se do que não serve mais

Muitas crianças concordam em se desfazer de suas coleções desde que não seja para jogá-las no lixo. As mais sentimentais sofrem bastante quando têm de jogar fora alguma coisa da qual gostavam muito. A maioria não consegue. E muitos adultos também não.

O desafio é se desfazer das coisas de que gostam sem jogar nada no lixo. Conte a seus filhos o que você faz quando o excesso de discos e livros começa a atrapalhar. Como seleciona os que ficam e os que vão? O que faz com estes últimos? (Se você também não consegue se separar deles, ao menos dispense os menos importantes.)

As crianças protelam menos e se dispõem muito mais a dispensar seus "tesouros" quando sabem que alguém os valorizará e cuidará deles. Ajude seus filhos a doar suas coleções de bichos de pelúcia ou de revistas em quadrinhos a crianças menos afortunadas. Dessa maneira, eles não só vão desatravancar a própria vida como aprenderão a ajudar quem necessita. Mas isso requer a existência de um lugar para levar essas coisas. Telefone para uma agência de serviço social, uma igreja ou mesmo para a prefeitura de sua cidade para pedir alguns endereços.

Se seu filho é muito sentimental e não consegue se separar de suas coisas, guarde a coleção em algum lugar seguro para que ele tenha o prazer de revê-la mais tarde. Leve para a garagem ou para onde for melhor.

## Encontre um lugar para cada coisa

Se seu filho se cansou de uma coleção, mas não consegue se desfazer dela, procure guardá-la onde não tome muita poeira, não seja destruída pelo gato nem ocupe um lugar em que seu filho possa guardar outra coisa. Uma prateleira pregada na parede ajuda a resolver esse problema.

Ivan pendurou um saco no canto do quarto do filho para guardar os bichos de pelúcia. Quando o menino ganhou um lugar para sua coleção e podia vê-la quando quisesse, foi mais fácil escolher os mais bonitos e dispensar os mais velhos.

Júlia comprou uma estante com portas de vidro para guardar a coleção de bonecas da filha. Foi uma excelente solução: as bonecas ficaram à vista e protegidas da poeira.

A filha de Jasmim queria colecionar revistas em quadrinhos, mas não tinha onde guardá-las. As revistas ficavam espalhadas pela casa e acabavam rasgadas. Como todo colecionador, a menina ficava furiosa por ver suas revistas "destruídas" pelos irmãos menores. Jasmim trouxe uma caixa do trabalho e a filha usou suas economias para comprar capas plásticas para cada revista. Depois a caixa foi para o *closet*, onde as queridas revistas foram organizadas e classificadas.

Essas três crianças tiveram a sorte de deixar suas coleções expostas, o que as obrigou a ser mais seletivas. Com a chance de ver toda a coleção, conseguiram se desfazer de algumas peças e doar as menos importantes.

## Não comece a juntar tudo de novo

Depois que a criança escolhe o que vai guardar ou doar, e para quem vai doar, há mais um passo a ser dado. Caso contrário, vai começar tudo de novo. A criança – sempre sob sua orientação – tem de parar de juntar objetos de coleção. Se protelar muito, a bagunça começará outra vez.

A solução mais óbvia é parar de comprar os tais objetos, mas o que fazer se os amigos e as pessoas da família não param de presentear a criança com novas peças? Regina, que se cansou da coleção de pingüins, não teve nenhum problema em doá-los nem dá-los de presente para algumas pessoas de sua escolha. Tampouco demorou para *tomar a decisão* de não colecionar mais pingüins. Mas protelou bastante para dizer isso aos amigos e parentes. Por fim, sua mãe propôs uma solução: Regina daria o primeiro telefonema para a "pessoa mais fácil", e se ela estranhasse a mãe telefonaria para as outras.

Antes do aniversário, Regina ligou para sua tia mais querida e fez o "discurso" que havia ensaiado com a mãe: "Eu não coleciono mais pingüins, mas não se preocupe: guardei alguns e não tenho bem certeza, mas acho que são todos os que você me deu. Quer saber o que quero no meu aniversário?"

Ela sentiu-se tão orgulhosa com esse telefonema que fez também os outros. Depois pediu à mãe que a ajudasse a terminar a lista de ligações. Ela achou que Regina se saiu muito bem na decisão que havia tomado. Como falaria mesmo com toda a família antes do aniversário da filha, ofereceu-se para "espalhar" a notícia de que ela não colecionava mais pingüins.

Isso funciona quando a família coopera. Mas há as que não cooperam. Meu marido é louco por trens, e dos nossos nove netos apenas um, Connor Patrick, herdou essa mania. Se um dia Connor se cansar dos trens e pedir ao avô que pare de gostar deles também desconfio que não terá êxito. Na verdade, mesmo que Connor se torne presidente dos Estados Unidos ou ganhe o Prêmio Nobel da Paz, nem assim deixará de ganhar máquinas e vagões de seu avô apaixonado por trens.

As coleções são maravilhosas, as crianças aprendem muito com elas e delas extraem muito prazer e satisfação. Mas viram tralha depois de servir ao seu propósito, quando as crianças não gostam mais delas e querem abrir espaço para outras coisas.

Além das coleções, as crianças possuem muito mais coisas que enchem os quartos, lotam armários e gavetas e se espalham por toda a casa. Elas as acumulam porque demoram a decidir se guardam algumas, jogam outras fora ou querem doá-las.

As pessoas acumulam coisas por várias razões. Pergunte a seus filhos se sabem por quê. Se você perguntar a um grupo de crianças "quem tem muita coisa? Quem tem coisas desnecessárias atravancando a vida? Vocês sabem por que guardam tanta coisa?", as respostas poderão fornecer *insights* preciosos tanto para elas quanto para você. Seu filho não se sentirá criticado nem ficará na defensiva porque as perguntas não são dirigidas exclusivamente a ele, mas a todos os amigos.

Ingrid, mãe de dois adolescentes e de um garoto em idade escolar, prefere ter esse tipo de conversa enquanto dirige sua *van* cheia de crianças. Uma pergunta que provocou uma discussão acalorada foi: "Você quer mesmo cuidar desse monte de lixo?" Ela fez essa pergunta a várias crianças e obteve algumas respostas divertidas e outras comoventes:

"Impossível. É muita coisa para cuidar".

"Acho que é o lixo que cuida de mim, pelo menos é o que parece".

"Não, mas ninguém cuida de nada em casa. As coisas vão ficando por toda parte".

"Não, não quero cuidar de tanto lixo, mas o que posso fazer?"

Para Ingrid, essas respostas expressavam certo desânimo, como se dessa batalha o lixo saísse vencedor. Ela também perguntou: "Quando alguém lhes dá alguma coisa, vocês se sentem na obrigação de guardar?" Para sua surpresa, todas as crianças disseram que sim, que deviam guardar para não magoar a pessoa.

Ingrid sugeriu que guardassem por algum tempo apenas e depois dessem a alguém ou jogassem fora. Cada pessoa deveria entender que seu presente será um dia passado adiante.

Uma vez, um garoto disse a Ingrid: "Não consigo me desfazer do quadro que ganhei de minha avó quando nasci". Ingrid perguntou se ele não gostava mais do quadro ou se queria substituí-lo. Ele disse que não, que gostava muito. Nesse caso, disse ela, o quadro devia ficar onde estava. Mas, se o menino estivesse cansado de olhar para ele, devia guardá-lo num lugar seguro para, mais tarde, dá-lo a seus filhos. Todos os garotos (que juravam não ser sentimentais) aprovaram a idéia.

Se você tem espaço, gosta de alguma coisa e não se importa por cuidar dela, não há problema nenhum. Faça como achar melhor. Mas raramente há espaço na casa para tudo o que as crianças querem guardar. Se o volume de objetos tornar-se intolerável, a criança terá de aprender a selecionar.

## Livre-se do hábito de guardar e juntar

Brenda teve grande receptividade quando pediu às quatro filhas, uma por vez, para ajudá-la a separar algumas coisas que não queria mais e fazer uma doação. Quando perguntou quem seria voluntária, todas riram, mas Maggie, de 8 anos, ofereceu-se para ajudar. Brenda separou uma montanha de coisas em seu quarto, fez o maior alarde sobre a ajuda de Maggie e levou-a para tomar um lanche e comprar um maiô novo. Imediatamente as outras três também se ofereceram para ajudá-la. A mais velha teve o "privilégio" de ajudar a arrumar o armário por saber que roupas ficavam melhor na mãe.

Brenda deixou bem claro que não se tratava de um dever nem de uma punição; todas comeram biscoitos, tomaram refrigerantes e se divertiram. Ela só precisou de um incentivo para livrar-se do que não tinha utilidade ou nunca mais usaria, pois relutava diante da idéia.

Quando terminou sua campanha para abrir espaço, pensou em perguntar às meninas se queriam ajuda para arrumar as coisas delas, mas achou melhor esperar algumas semanas. Caso contrário, acabaria se parecendo com a Bruxa Malvada: "He, he, he, minhas lindas, agora vamos nos livrar dos *seus* preciosos tesouros". Mas, para sua surpresa, dias depois a filha adolescente pediu sua ajuda para arrumar o armário. Quando Brenda perguntou "quem é a próxima?", as outras se ofereceram. E as irmãs ajudaram umas às outras.

Brenda recomenda pedir a ajuda dos filhos para incentivá-los a livrar-se da própria tralha. (Você pode exagerar no amor que sente por aquela velha calça remendada e depois, com a maior cara de mártir, atirá-la dramaticamente na lata do lixo.) Se seus filhos simplesmente não conseguem perder o hábito de guardar e juntar, ao menos ajude-os a desenvolver o hábito de *cuidar* de suas coisas. Se costumam perder coisas, vão precisar de um lugar para guardá-las e aprender como fazer isso. Em geral, esse "lugar para tudo" parece ser a coisa mais simples do mundo. Ouvimos isso a vida inteira. Mas, para as crianças, não se trata de um velho provérbio – talvez nunca lhes tenha ocorrido que as coisas têm lugar certo.

Outro obstáculo é o "lugar para tudo" ficar fora do alcance – certa prateleira, uma gaveta, um armário muito alto ou seus filhos não conseguirem pendurar as roupas nem dobrar meias e camisetas para caber na gaveta.

As crianças têm potinhos e caixinhas espalhados no quarto, mas pense: elas não têm lindos cestos de roupa suja nem um bonito cesto de papel. Arrume um bem grande para pôr roupa suja e outro menor para jogar os papéis. Talvez algumas outras cestas para brinquedos, jogos e bichos de pelúcia. Se ajudar, ponha rótulos nas cestas e gavetas até que elas se acostumem a guardar cada coisa no respectivo lugar.

Você também deve ajudar seu filho a arranjar um lugar para guardar coisas que não podem ser dispensadas, mas são pouco utilizadas. Uma mãe ajudou o filho de 15 anos a arrumar o armário lotado e as gavetas que não fechavam. Ela sempre quis saber por que o rapaz usava sempre as mesmas quatro camisetas, quando tinha tantas outras guardadas. Quando os dois começaram a arrumação, encontrou o uniforme de escoteiro que ele usara aos 8 anos, as camisetas favoritas do time de beisebol do primário e alguns agasalhos de ginástica destruídos, mas assinados pelos amigos. O filho lhe disse com toda a candura que não se desfaria de nada daquilo. O armário e as gavetas estavam lotados de coisas que ele não usava, das quais não conseguia se separar.

Ela não brigou com o filho. Ajudou-o a guardar seus tesouros numa caixa, que puseram no sótão. Quando o filho ganhou espaço no armário e muitas gavetas vazias, pôde ver que tinha muito mais coisas para usar além das quatro camisetas. Ficou também bem mais fácil guardar a roupa limpa e organizar suas coisas, pois as gavetas agora tinham espaço. Parece muito simples, mas nossos filhos precisam ser orientados na busca dessas brilhantes soluções.

## Não deixe coisas amontoadas

Terry, de 10 anos, perdeu os óculos, e os pais pediram a seus amigos que o ajudassem a procurá-los. David, um dos amigos, prometeu que procuraria os óculos em seu quarto, encontrou-os, mas só se lembrou de dizer a Terry três semanas depois. Todos, inclusive os pais de David, ficaram muito bravos com ele. Os amigos descobriram que, quando David limpava o quarto, acumulava vários objetos num canto (inclusive os óculos de Terry), todos pertencentes a outras pessoas, e não avisava ninguém.

David tinha arrumado a própria bagunça, mas não tomava nenhuma atitude para desfazer-se dela. Protelava e deixava tudo amontoado, e logo tudo se espalhava novamente por todo o quarto. Que perda de tempo! Mas ele não sabia fazer de outra maneira, ninguém lhe ensinara que depois de separar algumas coisas é preciso guardá-las ou encaminhá-las a seus donos.

## Doe o que não lhe serve

Muitos pais acostumaram seus filhos a, uma ou duas vezes por ano, separar brinquedos e livros não mais usados e mandá-los para um asilo ou outro lugar que preferirem. Algumas famílias obrigam seus filhos a dar um brinquedo a uma criança pobre sempre que ganham um novo. Muitas associações de caridade têm lojas de objetos usados ou telefonam para recolher doações.

Quando a família de Ruth aprendeu a se organizar, sempre que a associação escolhida ligava para dizer que o caminhão estaria na região, um bilhete era posto na cozinha para que todos lessem. Tornou-se um hábito para seus filhos olhar no armário, na caixa de brinquedos, nos quartos e pôr suas doações num saco. Ela nem precisava mandá-los fazer isso e eles se sentiam muito bem porque sabiam que tudo o que não lhes servisse iria para pessoas necessitadas que aproveitariam muito. Caso dispensassem alguma coisa nos intervalos entre as passagens do caminhão, Ruth mantinha um grande saco de plástico na área de serviço para deixar as doações.

Não use a coleta de caridade para se desfazer de coisas que deveriam ir para o lixo. Jack, membro do Exército de Salvação, insiste em que as pessoas pobres merecem respeito. Não mande roupas sujas nem rasgadas, brinquedos e livros destroçados. É preciso checar todos os jogos e brinquedos para ver se estão completos, guardar tudo em sacos plásticos e fechar bem para que não se percam.

Você pode estabelecer um ritual com seus filhos pequenos. Juntos, vocês escolhem os brinquedos que querem doar aos pobres. Isso é muito importante. Eles não estão "jogando fora nem se livrando dos brinquedos", mas "doando a quem precisa". Depois de checar se estão todos inteiros, lavam um por um antes de colocá-los num saco.

Uma mãe que procede assim diz: "Tiramos uma ou duas tardes por ano para fazer isso e os benefícios são incalculáveis. Eliminamos o excesso de brinquedos e os quartos voltam a ficar em ordem. O melhor é que meus filhos estão aprendendo a dar àqueles que tiveram menos sorte do que nós".

Quando damos tratos à bola para encontrar um jeito de nos livrar da bagunça, devemos lembrar as crianças de que uma forma de fazer isso é diminuir o ritmo das novas aquisições, e a melhor maneira é parar de comprá-las. As crianças precisam ter limites.

Para as crianças menores, uma maneira de ensinar limites é: "Você não pode se comparar às outras crianças" ou "Você não pode ter tudo o que quer".

Para as crianças maiores: "Essas são as regras da casa e você tem de segui-las" ou "Você não pode ter tudo o que quer". Os adolescentes devem conhecer os limites estabelecidos pelas regras e saber que não podem ter tudo o que querem. Se entendem que os limites estabelecidos são reais, em geral os aceitam e convivem muito bem com eles. Entretanto, um limite que qualquer criança pode aprender, seja ela de que idade for, é que não se pode controlar a desordem sem parar de juntar coisas – por isso *pare de juntar tanto traste.*

Se seu filho quer comprar alguma coisa que já tenha ou não seja necessária, sugira o hábito de ele próprio decidir o que fazer:

- Se não tenho mais espaço em meu quarto nem em meu armário, onde vou colocar o que quero comprar?
- Se eu levar isso para casa, posso me desfazer de alguma coisa para ganhar espaço?
- Será que preciso mesmo disso ou será mais uma coisa para acumular?

Não se pode esperar para fazer essas perguntas depois da nova aquisição. Elas precisam ser respondidas antes de comprar qualquer coisa que aumente ainda mais a desordem. Se fossem feitas antes de uma aquisição desnecessária, seu filho acabaria se acostumando a avaliar cada compra antes de consumá-la. Você não gostaria de ter aprendido isso quando ainda era jovem?

E esta é uma pergunta para os adultos: se o dinheiro está curto e você não consegue economizar nenhum nem para a poupança da faculdade nem para o plano de aposentadoria e se não há mais espaço para tanta coisa na vida da criança, faz sentido comprar o que ela não necessita? O que ela aprenderá com isso?

### BENEFÍCIOS DA SOLUÇÃO DE PROBLEMAS

**Stephanie, mãe de três meninas, contou que, na hora da faxina, a parte mais difícil é conseguir que suas filhas dispensem algumas coisas. Stephanie sabe que elas são muito apegadas e não conseguem jogar nada fora – roupas, bonecas, CDs, pôsteres ou bichos de pelúcia. Por isso, duas ou três vezes por ano pensam juntas em várias formas de remover o que estiver acumulado.**

**Stephanie disse que, além de ajudar as meninas a se livrar do excesso de coisas, a busca de solução desse problema tem sido muito produtiva para as duas mais velhas, que já estão na adolescência. Essa prática lhes ensinou que a maioria dos problemas tem solução. Quando estão com seus colegas de classe e a conversa gira em torno de problemas que vão "acabar com a vida" deles, Stephanie nota que suas filhas logo propõem a prá-**

**tica de "solução criativa" em vez de entrar no clima de "o mundo vai acabar".**

**"Quando a melhor amiga de minha filha contou que os pais estavam se divorciando e ela ficou muito triste porque o pai não moraria mais em casa, minha filha sugeriu nossa prática de busca de soluções para que a menina continuasse perto do pai.**

**Ela teve algumas idéias criativas que deram certo e os dois se comprometeram a pôr em prática algumas das idéias porque estavam dispostos a preservar o relacionamento. Minhas filhas encaram os problemas como desafios a ser vencidos, e não como algo que lhes faça mal. Essa é uma boa habilidade para ensinar aos filhos desde pequenos."**

## Papelada inútil

Antigamente guardar papéis não chegava a ser um problema para as crianças. Os tempos mudaram. É incrível a quantidade de papel que juntamos hoje em dia. A maioria das crianças tem livros de leitura e livros de colorir, mas também tem folhetos, apostilas, velhas provas, jornais escolares, agendas, catálogos, listas e autorizações. Além disso, assinam revistas. As crianças juntam essa papelada no quarto, na escrivaninha de casa, na escola, nos armários, nas mochilas. Hoje em dia até os pequeninos, que passam o dia na creche ou no maternal, levam seus trabalhos "artísticos" para casa, e a papelada começa a tomar conta também da vida deles.

As crianças ficam tão confusas quanto nós diante dessa quantidade de papéis. Elas precisam de ajuda porque, muitas vezes, podem pensar que *devem* se apegar a essa papelada. Elas precisam de uma estratégia. É hora de novamente combater o *vírus* da bagunça.

## Acabe com o hábito de acumular

Comecemos lembrando a nossos filhos que juntamos muito papel na vida e ninguém deve nem pode guardá-los todos – nem ao menos grande parte deles. Fale da quantidade de papéis que conseguimos juntar e como é preciso livrarnos deles para que não tomem conta de nossa casa nem de nossa vida. (Até aqueles que não protelam sabem do que estou falando.) Quanto mais controle você tiver sobre a papelada, mais seus filhos aprenderão com seu exemplo sem que tenha de ensinar nem dizer nada.

Mostre-lhes a quantidade de papéis que acumulamos em casa e no trabalho. Conte a eles que alguns são mais difíceis de dispensar – como catálogos e revistas —, mas você sabe que precisa fazê-lo. Conte que você não renovará aquela assinatura porque não dá conta de ler todas as revistas. Seus filhos já sabem o que é prioridade. Ensine a eles que o único modo de manter o controle sobre a papelada é decidir constantemente o que deve ser guardado ou jogado fora, e essa é uma decisão que não pode ser adiada.

Corey, de 12 anos, é uma garota muito "certinha" que aprendeu a cuidar de sua papelada e mantinha tudo – até ela mesma – o mais bem organizado possível. Ela conta que há poucos meses se cansou e não quis fazer mais isso. Simplesmente adiava qualquer coisa que dependesse de uma decisão. Mas isso não durou mais de duas semanas. Era papel espalhado pelo quarto, sobre a mesa, dentro da mochila, como se há um ano ela não jogasse nada fora. "Foi um caos. Levei muito tempo para separar tudo. Eu não conseguia encontrar nada do que precisava e tinha de procurar no meio daquele caos quando queria alguma coisa. *Nunca mais* vou protelar a arrumação de meus papéis!"

Sempre que um novo papel entra na vida de seus filhos, eles devem decidir *já* o que jogar, o que guardar e onde guardar. Tudo o que aprenderem sobre a papelada inútil pode ser aplicado aos *e-mails*.

## Tome uma atitude

Quando as crianças começam a recolher os papéis espalhados pelo quarto, deparam com livros, revistas, agendas e documentos que não deveriam estar onde estão. Eles não devem ser empilhados num canto. Se as crianças fizerem isso, num piscar de olhos o virús invisível da papelada inútil entrará em ação e as pilhas se misturarão umas com as outras. Tudo voltará à estaca zero, e o tempo gasto para organizá-los terá sido perdido.

Aconselho a pendurar um cartaz sobre cada escrivaninha, em cada quarto, em cada balcão de cozinha – em toda parte em que a papelada se acumule – com os seguintes dizeres:

SENTE-SE E ORGANIZE.
LEVANTE-SE E PONHA NO LIXO.

Ensine a seus filhos pelo exemplo, com palavras, com o que for possível que neste exato momento devem pegar os papéis daquela pilha e pôr cada um deles no devido lugar. Já.

## Livre-se deles

As crianças, assim como os adultos, acham que o cesto de papéis é um monstro malvado que engole tudo o que é importante. *Nada disso!* Veja o cesto de papéis como um amigo que precisa ser alimentado. Forneça cestos de papel para seus filhos e incentive-os a alimentar esses amigos.

Quando chega a hora de atacar a papelada, equipe-os com um grande cesto de papéis ou um saco plástico para jogar fora o que for inútil. Melhor ainda, sejam uma família adepta da reciclagem e comprem um recipiente apropriado. Se seus filhos têm dificuldade de se separar de revistas e livros velhos, peça-lhes que o ajudem a encontrar um lugar para doá-los. Se mesmo assim relutarem em se desfazer dos livros escolares, todo ano incentive-os a doar os mais antigos. Assim será mais fácil livrar-se dos papéis que nem sabem mais para que servem.

A princípio, seus filhos vão precisar de ajuda para saber o que guardar. Stanley, pai de quatro filhos, contou a solução que encontrou quando seus filhos fizeram um grande trabalho. (E, segundo ele, os trabalhos escolares *nunca* são pequenos nem fáceis. Em geral são coisas grandes, estranhas, desajeitadas que envolvem toneladas de tinta, purpurina e capas.) Ele queria ensinar aos filhos que o que se aprende fazendo um projeto ou uma criação artística é mais importante do que o produto final.

O trabalho consistia em fotografias. Cada filho tinha uma agenda para pôr suas fotos. De vez em quando, uma delas ia para o álbum da família, e as crianças ficavam bastante satisfeitas com suas fotos. Depois que o trabalho ficava exposto por algum tempo (provavelmente até que alguém esbarrasse nele e o danificasse), Stanley livrava-se discretamente do trambolho quando todos estavam dormindo.

## Reserve um lugar para cada coisa

Um pai ensinou ao filho de 14 anos os seguintes princípios de organização: "Folhear a mesma papelada várias vezes é uma grande perda de tempo e uma das atividades mais frustrantes da espécie humana. Aprenda a *procurar um papel apenas uma vez.* Se você perceber que está revendo o mesmo papel várias vezes, faça alguma coisa: guarde-o no lugar certo".

Às vezes, uma criança pode parecer bagunceira e desorganizada, mas apenas não sabe onde pôr tanta coisa. Ajude-a a organizar seus papéis. Um fichário resolveria? Então compre um perfurador de papel e dê a seus filhos para usá-lo. Ensine-os a perfurar as folhas e a pôr divisórias no fichário. Seus filhos aprenderão a dividi-lo por assunto.

Se os fichários não funcionarem, os escritórios recebem papel em caixas de papelão. Se você não tem como consegui-las, peça a seus amigos e alguém terá muito prazer em fornecer algumas caixas que seriam mesmo jogadas fora. Envelopes grandes também servem para guardar papel. Seja o que for que vocês escolherem, sempre haverá limites: não há nada que possa guardar tudo. É uma ótima oportunidade para ensinar seus filhos a adquirir a habilidade de estabelecer prioridades. Não se pode guardar tudo: é preciso selecionar o que for mais importante e reciclar o resto.

Essa é também uma chance de aprender a estabelecer limites. Nem todos os papéis caberão no fichário. Seus filhos precisam estabelecer um limite? Se trouxerem para casa muitos trabalhos escolares, talvez selecionem um por semana ou um por mês. Se tiverem muitos papéis de prova, devem guardar apenas alguns.

Feita essa seleção, os papéis devem ser colocados em algum lugar em que fiquem organizados e seu filho consiga encontrá-los – ou para que guardá-los? Mas isso não é tudo. Agora seus filhos precisam guardar os fichários, os envelopes ou as caixas. Onde colocá-los? Na última prateleira do armário? Na estante? Ajude-os a encontrar um lugar para guardar. É melhor que seja no quarto deles porque se não houver mais lugar para outras coisas, como brinquedos ou livros, as crianças terão de reavaliar e decidir o que fica e o que será jogado fora. Se você tem problema de espaço, lembre-se de que seus filhos não precisam de mais espaço, e sim de menos coisas. Essa é a hora de se livrar de algumas ou de muitas dessas coisas.

**DICAS PARA SEU FILHO**

- **Dê de comer ao cesto de papéis.**
- **Livre-se da papelada (revistas velhas, livros e agendas) que não é mais necessária.**
- **Faça isso *agora* – leve para o devido lugar.**
- **Sente-se e organize. Levante-se e jogue fora.**
- **Procure um papel apenas uma vez.**

Se seus filhos estão desanimados e acham que jamais conseguirão se livrar das coisas acumuladas, conte a eles outra vez a história dos engenheiros aeronáuticos e dos marimbondos. E diga também que merecem pequenas recompensas por pequenos sucessos.

Agora chegou a hora de lembrar que somos todos seres humanos, inclusive nossos filhos, e às vezes nem as maiores dicas e técnicas do mundo funcionam com certas crianças. Existem algumas que, por mais que se faça, se acostumam com a bagunça. Se fez o que pôde e ainda assim seu filho adora uma boa desordem, ao menos você tentou. Dê um tapinha nas próprias costas e recompense a si mesmo. Muitos pais acham que, como prêmio, um chocolate cai muito bem.

## TRABALHO DE EQUIPE

*Para discutir*

- Sente-se e organize. Levante-se e jogue no lixo.
- Seu filho tem uma coleção? Ela ainda lhe dá prazer? Está tomando muito espaço e já começa a aborrecê-lo?
- Ele quer sua ajuda para saber o que fazer com a coleção?
- Se não há mais espaço para nada, seu filho não precisa de mais espaço, e sim de menos coisas.
- Seu filho quer sua ajuda para guardar, jogar fora ou doar suas tralhas?
- Ele quer sua ajuda para vasculhar armários, gavetas, fichários e mochilas?
- Ele precisa de um lugar ou de um esquema para pôr ou expor suas coisas?
- Ele quer ser responsável por suas coisas?
- Se seu filho ganha um presente de que não gosta, é obrigado a ficar com ele?
- Seu filho precisa de ajuda para preparar o que será doado? (O que precisa ser lavado, consertado, embalado?)
- Seu filho precisa ser impedido de acumular coisas?
- Você consegue conversar com ele sobre desorganização?
- Existe um lugar para cada coisa?

- Seu filho alimenta o cesto de lixo?
- Seu filho quer um lugar para guardar as fotos dos trabalhos escolares?

## O Próximo Passo

*Para fazer*

- Determine um lugar para guardar o excesso de roupas, de brinquedos e livros de seu filho.
- Dê sugestões de como guardar, exibir, doar e dispor de papéis e objetos.
- Peça ajuda a seu filho para arrumar *seus* armários.
- Providencie bons cestos de lixo, de roupa suja e outros.

# 9

# Se Você É Muito Ocupado e Sabe Disso, Diga "Basta!"

ALGUMAS CRIANÇAS SÃO TÃO ABSURDAMENTE OCUPADAS que não têm outra saída senão protelar. Elas não têm mesmo tempo para nada.

Como as crianças dependem dos pais para levá-las e trazê-las de suas atividades e pagar os custos de tudo em que se envolvem, eles têm o controle da situação, tanto que podem assumir ou suspender esses compromissos dizendo aos filhos que, se não fizerem a lição de casa (ou o que tiverem de fazer), terão de abandonar uma ou mais atividades. Em geral, são os mais velhos e os adolescentes que precisam aprender a definir prioridades e aplicar algumas estratégias para diminuir seu ritmo de vida.

São inúmeras as razões pelas quais as crianças se envolvem com tantas coisas que não conseguem dar conta dos trabalhos escolares nem de outros aspectos de sua vida.

- Por ser superesforçadas e alcançar êxito em tudo, elas decidem fazer muitas coisas e ser bem-sucedidas em várias atividades.

- Por medo de perder alguma coisa, dizem sim a toda oportunidade que aparece.
- Querem agradar aos pais, à família e aos amigos ou querem ser aceitas, receber elogios ou a aprovação de alguém, e a maneira que encontram é envolver-se com tudo.
- A auto-estima dessas crianças está baseada no que fazem e em sua dedicação. (Você já recebeu uma carta de Natal que expressa esse valor na família? A intenção é impressionar com a quantidade de atividades dessas crianças.)
- Essas crianças combatem o hábito de protelar e se ocupam de muitas coisas só pelo prazer de conseguir concluir algumas delas.
- Elas fazem isso para tentar evitar alguma coisa que as desagrada – a lição de casa, ficar à toa em casa, o tédio, a preguiça, algum problema que não querem enfrentar.
- Têm muitos talentos e interesses, mas não pensam muito nisso.
- Sabem o que estão fazendo, mas acreditam dar conta de tudo mesmo estando sobrecarregadas.
- Seguem o exemplo de algum adulto que faz a mesma coisa (você talvez?).

## Quando não há alegria

Poucos adultos percebem que as crianças podem ficar estressadas, mesmo as menores, quando passam o dia correndo de uma atividade para outra. As atividades extracurriculares são enriquecedoras, mas quando os compromissos estão além de sua capacidade ou ultrapassam seu nível de conforto, as crianças ficam muito ansiosas. Além disso, passam a interpretar esse estilo de vida segundo a idéia de que "quanto mais eu fizer, mais as pessoas vão me amar e me aceitar". Quando essa correria se torna um hábito, as crianças ficam obcecadas pelo êxito só para ter a sensação de que são "boas", e não porque gostam do que estão fazendo.

Uma indicação de que as crianças estão estressadas ocorre quando notamos que não têm nenhuma alegria em participar das atividades. Acredito que as crianças que praticam esportes, estudam música, participam de grupos ou exercem outras atividades têm menor probabilidade de tomar um caminho perigoso simplesmente porque dispõem de menos tempo. Participando de atividades externas, elas aprendem, crescem, enfrentam desafios e expandem horizontes, além de se divertir muito!

Certamente não desaconselho esses envolvimentos. Crianças ocupadas geralmente são crianças felizes. O problema é detectar sintomas de protelação, de estresse, um eterno ar de tristeza e frustração no rosto da criança. As causas podem ser muitas. Observe esses sinais, leve-os a sério e tente saber de seu filho o que está causando o problema.

Virgínia notou que seu filho Brent, de 12 anos, começou a adiar as tarefas domésticas, a lição de casa, os telefonemas para os amigos. Andava também terrivelmente mal-humorado, respondia para todo mundo, brigava com os irmãos, comportava-se mal com todos. Virgínia viu que alguma coisa estava provocando essa atitude e começou a se preocupar: seriam as drogas? Álcool? Más companhias? Alguma dor? Hormônios?

Um dia, Brent foi com ela ao *shopping*, e Virgínia fez um comentário inocente sobre a bicicleta dele ser guardada na garagem. Brent respondeu bruscamente: "Já disse que depois tiro!" Em vez de ficar brava, ela levou um susto: "Quem é você? Onde está aquele meu filho tão querido, tão delicado?"

Essa reação o surpreendeu. Brent rapidamente pediu desculpas e disse, suspirando: "Não sei o que está acontecendo comigo". Virgínia convidou-o para uma pizza e, quando se sentaram para comer, perguntou o que se passava. Brent disse que não sabia e mudou de assunto. Quando começaram a falar dos próximos feriados e de outros assuntos, ele se abriu e contou como se sentia: "Mãe, eu me sinto como uma borracha tão esticada que a qualquer momento pode arrebentar".

Virgínia não esperava ouvir isso de um menino tão novo. Embora seus problemas não parecessem tão graves para a maioria dos adultos, para Brent eram um estresse tão real quanto as pressões que Virgínia sofria na equipe de cardiologia da qual fazia parte. Quanto mais ele falava, mais claro ficava que suas atividades extracurriculares estavam acima do suportável.

"Brent, por que você não deixa uma dessas atividades?", a mãe perguntou.

E ele respondeu: "Mãe, eu assumi compromissos! As pessoas contam comigo. O professor disse que sou o único da classe que sabe fotografar. E o treinador conta comigo para ser o capitão do time no próximo ano".

Virgínia explicou que ele não era obrigado a aceitar essas tarefas só porque as fazia direito. Brent respondeu que não sabia como sair da situação. A mãe acreditou que o exemplo viera dela própria: "Acho que gente como nós, que diz sim para tudo, faz isso porque quer ajudar, para superar-se, por aceitar a manipulação do 'só você consegue fazer tal coisa' e porque não sabe dizer não".

Brent admitiu estar estressado devido ao excesso de atividades, mas não queria abandonar nada do que fazia. Disse que não queria passar por fraco, que se deixasse o time de basquete as chances de participar do time na faculdade diminuiriam muito. Defendeu enfaticamente sua escolha dessas atividades e afirmou que continuaria com elas. A conversa começou a virar uma discussão, e Virgínia resolveu mudar de assunto.

Nas semanas que se seguiram, tudo continuou igual. Brent adiava suas obrigações em casa e na escola e brigava com todo mundo. Logo a família começou a ficar estressada. Virgínia resolveu tomar uma atitude no dia em que seu filho trouxe uma prova para assinar na qual havia tirado um E.

"Basta", ela disse a Brent, "isso já foi longe demais. Sente-se aqui e faça uma lista das coisas em que está envolvido. E sem deixar para depois. Faça já." Brent viu que a mãe não estava para brincadeiras e, em vez de discutir, foi para o quarto e começou a escrever. Enquanto isso, Virgínia teve tempo de pensar no que diria.

Quando Brent voltou com a lista, ela leu e disse: "Você está no time de basquete, é escoteiro e faz muitas outras coisas. Gosto muito que seja escoteiro, sempre apoiei você, sei que é importante praticar esportes. Agora proponho um acordo. Você pode continuar com tudo desde que pare de protelar e faça seus deveres de casa e da escola e pare de ser tão mal-humorado. Se não mudar imediatamente, terá de parar com *todas* as suas atividades, inclusive basquete e escotismo. Francamente, Brent, acho que quem tem uma agenda como a sua – adultos inclusive – só pode ficar estressado, mal-humorado e deixar tudo para depois. Mas você tem uma terceira opção: em vez de parar com tudo, talvez consiga abandonar alguns compromissos e aliviar o estresse".

A essa altura, Brent estava em lágrimas, mas Virgínia decidiu não abrir mão de suas exigências. Ela repassou toda a

lista com o filho e nos dias seguintes ajudou-o a estabelecer prioridades. Como esperava, o basquete e o escotismo tinham prioridade máxima sobre os outros compromissos. Virgínia ensinou Brent a estabelecer alguns limites na maneira como usava seu tempo e orientou-o sobre como dizer aos responsáveis que não participaria mais de alguns programas. Por fim, Brent se convenceu e naquele mesmo dia eliminou uma das atividades que mais consumiam seu tempo – tirar fotos dos eventos escolares.

Virgínia ficou satisfeita e teve uma surpresa quando, semanas depois, ele decidiu eliminar todo o resto e ficar apenas com basquete e escotismo. Hoje ela conta com alívio que a vida de seu filho, e de toda a família, voltou ao ritmo tranqüilo de antes, que tanta falta fizera a todo mundo.

Se o hábito de protelar é um problema porque a criança tem uma agenda muito cheia, ensine alguns dos conceitos e técnicas seguintes para ajudá-la a retomar o controle. Se o hábito de protelar não causa problemas e a criança é superocupada mas lida bem com isso, não há com que se preocupar. Relaxe, deixe acontecer e tente encontrar uma maneira de manter a sanidade para levá-la de uma atividade a outra. Mas a maioria das crianças superocupadas vai beneficiar-se de algumas sugestões.

## Habilidades para abrir espaço na agenda

### *1. Seja seletivo. Estabeleça prioridades*

O primeiro passo é ajudar a criança a entender o que são prioridades e por que é tão necessário estabelecê-las. Seus filhos precisam de orientação para saber o que é importante para eles, escolher as atividades que querem manter e as que vão deixar para depois.

Às vezes, nossos filhos dizem sim a muitas atividades porque não sabem que podem escolher. Acham que, se alguém lhes pergunta se têm interesse em fazer determinada coisa, devem dizer que sim. Outras vezes dizem sim porque querem fazer tudo ao mesmo tempo e não percebem as conseqüências de tanto envolvimento. (Muitos adultos ainda estão aprendendo a fazer isso.) Portanto, precisam aprender – em várias ocasiões – que é difícil escolher, mas muitas vezes temos de dizer nao a certas atividades e recusar certos convites. Assim deve ser até alcançar o equilíbrio – quando estiverem envolvidos no número ideal de atividades para tornar a vida interessante e desafiadora, que não sejam tantas que os deixem exaustos e incapazes de atuar em outras áreas (tais como a escola, que é o principal "trabalho" deles e a prioridade máxima da grande maioria).

Quando Beatriz começou a conversar com sua filha Ana, de 14 anos, sobre suas notas baixas, tinha certeza de que haveria uma discussão. Então resolveu falar e logo mudar de assunto. "Queria plantar algumas sementes", ela explicou. As atividades extracurriculares de Ana tinham aumentado a ponto de ela nunca estar em casa para fazer a lição e, se estava, ficava exausta demais para qualquer coisa.

Ana surpreendeu a mãe ao dizer: "Você tem razão, mas não sei o que fazer". Falou de sua frustração porque pensou que, entrando para a equipe do jornal da escola, iria escrever apenas um artigo por mês. Mas a coisa cresceu e agora ela não só estava escrevendo muito mais como trabalhava em vários outros setores do jornal. A coisa estava se tornando insuportável. Ela mostrou sua agenda e disse como se sentia tentando dar conta de tudo.

Diferentemente de Brent, que resistiu a abandonar alguns de seus programas extracurriculares, bastou Ana ouvir a mãe para decidir deixar várias atividades. Até sua mãe tocar no assunto, nunca havia pensado numa maneira de resolver o problema, apenas procurava manter a cabeça fora d'água para poder respirar.

### 2. *Tenha um calendário para marcar* os *"dias de folga"*

Quando seus filhos crescem, já podem usar um calendário para marcar compromissos e nesse mesmo calendário aprender a definir os "dias de folga". Algumas famílias chamam de "dia da pizza", quando não há absolutamente nada marcado. Isso dará tempo a seu filho de se recuperar ou apenas relaxar.

Todo mundo precisa disso de vez em quando. Muita gente ocupadíssima sabe que todos precisam de uma folga regular. Um amigo me disse que trabalha feito louco na maior parte do tempo, mas de vez em quando se joga na frente da televisão para recarregar as baterias.

Em outra família, a regra é: se alguém percebe ou sente que está distante dos outros, dos pais aos filhos menores, decreta-se o "dia da família". Todos votam no que vão fazer, pois numa família de sete pessoas dificilmente há concordância, e a maioria vence. Duas coisas que todos *adoram*: andar de bicicleta no parque e pescar no sítio do tio. Entretanto, ambas as atividades exigem tempo bom, o que não é fácil nos meses de inverno. Mas, de modo geral, no "dia da família" todos devem consultar as agendas e cancelar ou transferir compromissos. Ninguém deixa de atender responsabilidades, tais como uma reunião da igreja ou um ensaio da banda, mas sempre haverá algo flexível que possa ser transferido. Esses "dias da família" ajudam a recarregar as baterias de todos.

Cada criança tem as próprias necessidades. Algumas precisam ficar na frente da televisão sem fazer absolutamente nada, outras preferem sair com os amigos ou com a família e outras ainda querem tirar um dia de folga apenas para descansar.

Se você está ajudando e incentivando seu filho a se preparar para algo que realmente exija muita dedicação, tal como as olimpíadas ou outro projeto igualmente ambicioso, ninguém o criticará. Mas saiba que ninguém consegue fazer tudo durante o tempo todo, e seu filho terá de abrir mão de alguma coisa. Não se trata de protelar, mas de estabelecer prioridades. Não há nada de errado nisso desde que os envolvidos saibam que foi uma escolha.

### *3. Estabeleça limites*

As crianças precisam aprender a estabelecer limites, especialmente aquelas que querem fazer *de tudo* nesta vida. São crianças geralmente curiosas, extremamente inteligentes e às vezes multitalentosas. Querem ver tudo, experimentar tudo, provar tudo e fazer de tudo. Mas também precisam aprender a estabelecer limites e saber abrir mão de uma atividade ou recusar um convite para alguma coisa. Comece por dizer a essas crianças que, sim, elas podem fazer muita coisa na vida, mas não precisa ser tudo de uma vez – nem hoje. Só porque você *pode* fazer alguma coisa e sabe como fazê-la, não significa que *tenha* de fazê-la.

Diga-lhes que você não quer frustrar seus sonhos e objetivos, mas é preciso refreá-las estabelecendo alguns limites porque as atividades estão saindo do controle, causando protelação e impedindo-as de agir da maneira correta.

Certas crianças consideram especialmente difíceis os conceitos tratados neste capítulo. Elas pensam: "O líder da minha banda (o treinador ou um professor) ficará muito desapontado comigo se eu recusar aquele convite ou sair do grupo". Outras dirão: "Não consigo dizer não nem recusar. É muito difícil. Não posso, não faço essas coisas". Elas querem estabelecer alguns limites, mas realmente não conseguem.

### *4. O "sim" pode sobrecarregar sua agenda. Aprenda a dizer "não"*

É bem provável que seu filho necessite de sua orientação para aprender a recusar um convite ou saber o que dizer quando quiser interromper uma atividade que lhe dê prazer. Como dizer "vou sair" à pessoa encarregada, principalmente se for alguém que ele admira e de quem gosta muito?

Chegou a hora de ouvi-lo com atenção. Como já dissemos, muitas vezes os pais não percebem o verdadeiro problema e saem cuidando do problema errado. Se você está insistindo com seu filho para que saia da equipe de natação, ele já sabe que nadar é a atividade que precisa ser eliminada, mas morre de medo de sair ou do que vai dizer ao treinador. Se você ouvir com atenção, não insistirá no que está errado ("Você precisa resolver sair da natação"), mas se concentrará no problema real ("Posso ajudá-lo a pensar no que dizer ao treinador quando comunicar que vai deixar a equipe?").

Ensaiar o que dizer é uma forma maravilhosa de trabalhar com seus filhos em várias situações. Primeiro, você pode sugerir o que dizer no momento em que ele encontrar o treinador ou encarregado. Diga, por exemplo, que ele adora fazer parte desse programa, mas infelizmente terá de sair porque está fazendo muita coisa e precisa eliminar algumas. Vocês dois poderão definir o que será tratado nessa conversa.

Segundo, encene a situação com seu filho. Você representa o papel dele e demonstra o que dizer ou faz a parte do adulto e deixa que ele ensaie seu "papel" várias vezes. Essas habilidades serão úteis para seu filho não só agora mas também no futuro, sempre que ele tiver de tomar uma decisão.

Por fim, mas não menos importante, o conceito de autoafirmação é o mesmo que você defende quando conversa com seus filhos sobre cigarro, álcool, drogas ou outras atividades danosas – quando é difícil resistir à pressão do grupo. Mesmo que muitos pais evitem esse tipo de conversa, na esperança de que a escola trate desses assuntos, nem pense em adiar um entendimento tão importante para seus filhos.

Quando você conseguir que seu filho se livre da protelação, vai assistir a alguns milagres. Um dos mais emocionantes é ver a criança crescer confiante, com a auto-estima elevada. Quando os não-proteladores percebem que podem fazer o que querem e terminar o que começaram, sentem uma enorme alegria e uma profunda ambição. Mas nada disso vai durar se eles não souberem estabelecer limites, escolher com muito cuidado, dizer sim a algumas coisas e não a outras e, de vez em quando, reduzir a velocidade.

Quando as crianças param de protelar, sua auto-estima se eleva e elas passam a gostar de si mesmas, exultantes com a nova habilidade de estabelecer e alcançar suas metas.

**DICAS PARA SEU FILHO**

- **Seja seletivo: dê prioridade a algumas atividades, escolha suas batalhas.**
- **Marque no calendário seus dias de folga.**
- **Estabeleça limites. Pare, respire, desacelere.**
- **Sim, você pode se complicar, saiba dizer não.**

## TRABALHO DE EQUIPE

*Para discutir*

– Seus filhos estão se sentindo sobrecarregados?

– Se eles não tiverem nada para fazer, pergunte por que não terminaram os deveres da escola e da casa.

– Se estiverem muito ocupados, diga que você tem ótimas idéias que podem ajudá-los.

*Para fazer*

- Encene com seus filhos as situações complicadas (sair de um grupo, recusar o pedido de uma autoridade).
- Decida-se a fazer com que seus filhos sobrecarregados tenham tempo para se comunicar com você, talvez oferecendo-se para levá-los a algum lugar (e conversando no carro), escrevendo um bilhete ou saindo com eles, apenas vocês.
- Observe se seus filhos apresentam sinais de estar ou nao gostando de uma atividade da qual participam. Procure pistas de que estejam sobrecarregados.

# 10

# Esperança no Futuro

QUANDO EU ERA CRIANÇA – UMA CRIANÇA PROTELADORA –, não era capaz de devolver um livro à biblioteca dentro do prazo, por isso era impossível imaginar-me fazendo qualquer coisa que ultrapassasse meu pequeno mundo de protelações. Quando outras crianças diziam que fariam faculdade, seriam médicos ou viajariam pelo mundo, eu nada dizia porque não acreditava que pudesse fazer alguma coisa.

Esse é um dos males da protelação – bloqueia sonhos e metas. Mas, uma vez removido o bloqueio, abre-se um mundo de possibilidades que ninguém mais consegue conter. Dê esse presente precioso a seu filho – o presente das metas, dos sonhos e das esperanças.

Durante um seminário de trabalho, Nathan, um amigo meu, e seus colaboradores ouviram uma história extraída do livro *Chicken soup for the soul* (Canja de galinha para a alma), de Jack Canfield e Mark Victor Hansen. Nela há uma lista de objetivos que o aventureiro e explorador John Goddard fez quando tinha 15 anos. Goddard chamou-a de "minha lista de vida" e consistia de 127 fabulosas aventuras mentais e físicas.

Na época em que o livro foi publicado, John Goddard (já adulto) havia alcançado 108 objetivos, dentre eles escalar as montanhas mais altas do mundo, ser escoteiro, explorar a Grande Barreira de Corais da Austrália, ler a *Bíblia* da primeira à última página, navegar num pequeno dirigível, num balão de ar quente e num planador e ler as obras completas de Shakespeare.

Nathan e os outros assumiram o compromisso de escrever também uma "lista de vida". Podia ser mais longa ou mais curta, mas a regra era: "Esqueça a realidade e escreva a meta maior e mais ambiciosa que lhe vier à cabeça".

Nathan estava interessado no fato de que algumas pessoas rabiscariam muitas metas, enquanto outras empacariam e não conseguiriam escrever mais que duas ou três. Alguns queriam viajar em espaçonaves, enquanto outros estabeleceram objetivos tão pé-na-terra que chegava a ser monótono. Ele queria saber por que algumas pessoas só se vêem realizando objetivos comuns, do dia-a-dia, enquanto outras se imaginam viajando pelo espaço. "Seja o que for", ele disse, "não quero que isso aconteça com minhas três filhas. Quero que sejam livres para alcançar as estrelas e acho que o melhor que posso fazer é ensiná-las a não protelar."

Nathan contou essa história para as filhas e incentivou-as a fazer sua "lista de vida" várias vezes ao longo do tempo. Disse a elas: "Sabem, sou um péssimo exemplo para vocês porque sou o campeão mundial da protelação. Mas nós vamos trabalhar juntos para nos livrar desse hábito e tentar alcançar as estrelas". Nathan e a mulher sentaram-se com as filhas para escrever uma "lista de vida" (era a segunda que Nathan fazia naquela semana, mas tudo bem). Ele queria alcançar o objetivo de vencer a protelação como se fosse uma aventura e estava determinado a divertir-se muito durante o processo.

## Até o campeão mundial da protelação pode mudar

Quando Nathan e as filhas conversaram sobre recompensas, desculpas esfarrapadas e estresse, elas suspiraram: "Ah, pai..." Os amigos delas perguntavam que cartazes eram aqueles espalhados pela casa lembrando as tarefas domésticas e as respectivas recompensas, e elas também suspiravam e diziam: "Nosso pai está atravessando uma crise. Vai passar". Mas, quanto mais caçoavam, mais feliz Nathan ficava. Para ele, as brincadeiras mostravam o que elas tinham entendido e o que não tinham.

Uma recompensa que as meninas adoravam era sair com o pai nos sábados para tomar o café da manhã. Elas dominaram o hábito de protelar com tanto sucesso que Nathan saiu com elas cinco sábados seguidos. E, quando precisou trabalhar num fim de semana, anunciou que teriam de adiar a saída porque não poderia recompensar ninguém naquele dia. (As meninas riram.)

Ele estava muito satisfeito com os progressos da família (inclusive de sua mulher e dele próprio) na luta contra a protelação. E também com o novo grau de amizade e comunicação que se desenvolveu entre todos da casa. As meninas começaram a sentir-se melhor consigo mesmas e, para grande satisfação do pai, a acreditar que um dia realizariam grandes coisas. Sua filha de 8 anos queria ser médica. No ano anterior ela chorava quando a mandavam arrumar o quarto e não sabia por onde começar. Hoje já consegue. (A propósito, ele disse que o quarto dela está muito melhor.)

Eu disse a ele para não esperar por um milagre e se lembrar de que todos temos recaídas de vez em quando. Ele sabe disso, mas não consegue imaginar sua família como o grupo de proteladores contumazes do passado.

## Você protela o combate ao hábito de protelar de seu filho?

Alguns pais relutam em combater o hábito de protelar dos filhos na esperança de que os próprios filhos se livrem dele ou que desapareça naturalmente. Se você chegou a esse ponto e ainda não tentou conversar com eles, tudo bem. Pare de se culpar por isso. Talvez não seja mesmo a hora certa. Entretanto, os pais que hesitam em discutir esses conceitos com seus filhos acabam descobrindo que não o fazem por medo. Mas, quando esse medo é identificado, desaparece no ar. Pergunte a si mesmo se seu medo é:

- De fracassar? ("Isso pode funcionar para os outros, mas não na minha casa.")
- De não agir direito, escolher a hora errada ou usar palavras inadequadas? ("E se meu filho estiver de mau humor quando formos conversar?")
- Do que ainda não conhece? ("Fico preocupado porque não sei qual será a reação de meu filho, o que ele vai dizer nem mesmo o que eu vou dizer.")
- De ser rejeitado? ("Ele já me rejeita o suficiente. Por que hei de querer mais?")
- De tomar a decisão errada? ("E se eu sugerir algo que não sirva para meu filho?")
- Do que vai sentir? ("Posso ficar envergonhado, sentir-me inadequado ou tolo.")

Identificar os próprios medos não é fácil. A seguir, a outra forma de enfrentar esses medos. Pense: o que lhe dá medo é verdade? Em seguida, ponha a cabeça para funcionar e veja se consegue sobreviver.

- E se transmitir a seus filhos essas idéias e elas não funcionarem? Você vai sobreviver, não vai? Pode sentir-se um pouco estranho, mas vai sobreviver.
- E se você não for perfeito? E se escolher a hora errada ou as palavras erradas para conversar com seu filho? Talvez seja interrompido e a criança não preste atenção porque outra coisa está acontecendo ou talvez você tenha de ser paciente com a impaciência de seu filho adolescente para que ele não o considere mais uma criatura louca ou esquisita. Já aconteceu outras vezes (não é mesmo?) e você sobreviveu (não sobreviveu?).
- E se você se aventurar no desconhecido e acontecer algo totalmente inesperado, como seu filho: explodir, chorar histericamente, deixá-lo falando sozinho, ignorá-lo, rir na sua cara ou tiver um acesso de raiva?
- Mas é provável que a criança olhe para você e ouça, concorde com você e o entenda ou aprecie o que está fazendo mesmo que os adolescentes demorem alguns anos para *demonstrar* isso.
- Seu filho pode também sentir-se amado e bem cuidado e talvez goste de cooperar com você.

Você não tem o dom da adivinhação, não sabe o que vai acontecer. Seja qual for a reação, valerá a pena porque você estará fazendo algo importante e demonstrando amor por seu filho.

## Será que eles superam? É difícil

Devido a meus seminários e a um livro anterior sobre protelação, recebi *e-mails* quase diários de pessoas de todo o mundo que conseguiram mudar seus hábitos de protelação e hoje são "proteladores em recuperação". Falam de suas alegrias e do alívio de parar de protelar, e muitos comentam que teriam sido crianças diferentes se alguém lhes ensinasse que existe uma maneira melhor de viver.

Na abertura de um seminário, Natasha entregou-me esta carta:

> Esta sou *eu* quando era criança:
>
> Sempre adiei até o último minuto as tarefas mais difíceis, desde pequena. Na sétima série, como parte de um programa de extensão da escola, tive de ilustrar uma história que eu e mais cinco colegas apresentaríamos à classe (na forma de *slides*). Eu me atrasei muito para começar as ilustrações porque queria que fossem perfeitas. Fiquei tão apavorada e estressada que tomei um monte de analgésicos na noite anterior ao prazo final. E passei a noite no hospital.
>
> Até hoje eu protelo. Nem um fato traumático como o que acabo de contar conseguiu me pôr na linha. Eu me saí bem na escola apesar dos maus hábitos e da minha "preguiça". Embora me saia bem hoje em dia, tenho vergonha da protelação, que ainda continua (enquanto escrevo deveria devolver um vídeo já em atraso para a locadora). Fui uma criança proteladora que se transformou num adulto protelador. É um mau hábito e me causa tanta vergonha que me vejo obrigada a tomar uma providência.
>
> Hoje tenho dois filhos e não quero passar esse hábito a eles. Isso tem de acabar aqui.

Outra mãe, Estela, que inutilmente tentou de tudo para ajudar a filha adolescente a parar de protelar, aconselha: "Se nada der certo, pense a longo prazo – ela vai crescer e sair de casa, e você não terá mais que se envolver nessa batalha!"

Hoje ela diz: "Lembro-me bem do quarto de minha filha. A bagunça era tanta que eu simplesmente fechava a porta – roupas espalhadas, copos sujos, discos fora da capa. Bem, essa criança tem hoje 26 anos, é casada, tem dois meninos. A casa dela está sempre impecável. É o orgulho de toda mãe!"

Algumas crianças perdem o hábito de protelar, mas não conte com isso. A maioria não perde. Seja como for, quem quer continuar vivendo com essa protelação hoje? Faça o que puder para ajudar seus filhos a sair dessa sintonia e impedir que passem a vida envergonhados, culpados e ansiosos por nunca fazer nada dentro do prazo.

## Relaxe, você está indo muito bem

Não se pode medir a prevenção. Se você dá vitaminas a uma criança para evitar que se resfrie e ela pega um único resfriado durante o ano, não é possível saber quantos resfriados pegaria se não tivesse tomado vitaminas. Da mesma maneira, para que alguém pare de protelar é preciso prevenir esse comportamento, embora todo mundo deixe uma coisa ou outra para fazer depois. Mas é impossível saber se seu filho continuará protelando se não trabalhar esse mau hábito.

Talvez seus esforços não tenham interrompido o hábito de protelar de seu filho, mas abriram um canal de comunicação, de conversas divertidas ou de brincadeiras entre vocês dois. Independentemente de trabalhar ou não o hábito da protelação, este livro lhe dará coragem para ter outras conversas importantes com seu filho ou para dizer a ele que o ama. Mesmo que você não experimente nenhuma dessas estratégias, agora já sabe melhor o que fazer com seu filho protelador. Quando perceber que ele não é o único no mundo que protela, talvez consiga ser mais paciente e não enlouqueça diante desse hábito dele. Talvez até encontre algum humor na situação.

Uma de minhas histórias preferidas de pais e filhos no jogo da protelação é a de Vitória: "Eu vinha tentando havia várias semanas que meus filhos (de 9 e 11 anos) dessem um jeito no quarto deles. Bem, um dia eu voltava de carro para casa quando atropelei um veado. Liguei para a polícia ao chegar em casa e me disseram que viriam em seguida. Desliguei o telefone e disse aos meninos que a polícia estava chegando. Eles não tinham ouvido minha conversa e tiraram a conclusão errada. Limparam o quarto e a cozinha em 45 minutos! Hoje, quando têm de fazer algum trabalho, eles brincam: 'Que pena que a polícia não vem hoje, mãe. Se viesse, teríamos que fazer tudo correndo'. Damos muita risada, mas desde então eles sabem que podem fazer qualquer coisa em 45 minutos. Hoje, quando é hora da limpeza, já não ouço reclamações nem há protelações. Eles arregaçam as mangas e vão trabalhar".

☆

A protelação é o tipo de tema do qual as pessoas gostam de fazer piada. Mesmo que às vezes as conseqüências sejam sérias, não há razão para não encará-la com bom humor – se isso lhe fizer bem. Se seus filhos se recusarem a aceitar as coisas que você leu neste livro, diga a eles: "Mesmo que queiram deixar para depois o que devem fazer agora, pelo menos sabem que me preocupo com vocês". É uma boa mensagem para transmitir a eles mesmo dita em tom de brincadeira. É como se diz por aí: "Como meu pai e minha mãe diziam...". E se um dia seus filhos disserem a seus netos: "Como meu pai sempre me disse, pelo menos vocês sabem que me preocupo com vocês"? Nada mau, não acha?

Orgulhe-se de seus esforços para compreender seus filhos de maneira mais profunda e ajude-os a parar de protelar. Dê um tapinha nas próprias costas e (você já sabe) *recompense a si mesmo.*

Na verdade, acho que vou acompanhar você. Será que há um chocolate nesta casa?

## TRABALHO DE EQUIPE

*Para discutir*

- Diga a seu filho que você o ama. Depois dê um abraço nele.

## O Próximo Passo

*Para fazer*

- Dê uma recompensa a si mesmo. Você merece.
- Mantenha o senso de humor.